AF452255

ALPHABET MUSICAL

ALPHABET
MUSICAL

PAR

SALVADOR DANIEL

(Père et fils

PREMIÈRE PARTIE

—

CINQUIÈME ÉDITION

Ouvrage approuvé par le Conseil de l'instruction publique, et honoré d'une
Souscription du Ministère de l'Instruction publique.

PARIS

LIBRAIRIE CLASSIQUE DE PAUL DUPONT
RUE DE GRENELLE-SAINT-HONORÉ, 45.

—

1864

OBSERVATIONS GÉNÉRALES,

NÉCESSAIRES, INDISPENSABLES MÊME,

POUR LES PERSONNES QUI VOUDRONT JUGER OU ENSEIGNER LA MUSIQUE

d'après cet *Alphabet Musical.*

Notre projet n'est pas mercantile, ce n'est pas une spéculation de commerce; nous n'avons d'autre but que celui de répandre jusqu'à la dernière classe de la société le bienfait de l'instruction musicale, et en même temps d'aider, de seconder de toutes nos forces l'élan donné à cette belle partie de l'instruction de la jeunesse, de la dégager, autant qu'il est en nous, des dégoûts, des longueurs ennuyeuses des anciennes méthodes, qui souvent n'avaient d'autre résultat que celui de laisser après elles un éternel regret d'y avoir employé tant de temps et de patience.

Pour faire mieux connaître et apprécier notre système d'enseignement, que nous croyons aussi simple et clair qu'il est profond et étendu, nous avons commencé par faire paraître la *Grammaire philharmonique.* Là, dans le premier volume, on trouve la théorie et la pratique de la mélodie avec toutes les clefs, la formation de tous les tons des deux modes; les causes et les effets des changemens de ton, la théorie de tous les accords, la nomenclature des intervalles, la manière d'écrire régulièrement et correctement la musique, les règles pour les deux manières de transposer, celles de l'écriture à la dictée, et une quarantaine de leçons de solfège. Le second volume contient la théorie et la pratique de l'harmonie à deux, à trois et à quatre parties, parties que composent eux-mêmes ceux qui l'étudient. Il y a, de plus, plusieurs morceaux des meilleurs auteurs contemporains, les règles générales pour l'accord de l'orgue et du piano, l'étendue (et la clef correspondante) de tous les instruments d'orchestre, une *messe* à trois parties en chœur, très-solennelle et très brève, avec accompagnement de trois instrumens de basse, d'orgue ou de piano, l'*Ave verum* à quatre parties, le *Regina* en chœur, et une distribution de prix en trio avec chœur et avec accompagnement de piano.

D'après tout ce que nous venons de dire, il est clair que la grammaire n'est pas pour les enfans; elle est faite pour les adultes, pour les intelligences au-dessus de quatorze ans; elle a été écrite pour former un maître de chacun des élèves des écoles normales, de chacun des instituteurs primaires ou secondaires des deux sexes, afin que la musique puisse ensuite être enseignée partout avec intelligence, uniformité et goût. Il faut, comme pour toute autre grammaire, l'étudier avant d'aller en classe, si l'on veut faire des progrès. Et cependant les moyens matériels d'une classe de grammaire de musique ne sont pas dispendieux en proportion du but et des très-grands résultats de cet enseignement.

Bien moins dispendieux encore est l'enseignement de l'alphabet, car ici tout est enfantin; moyens matériels, moyens moraux, moyens pécuniaires, tout est à la portée de tous. Il n'y a que des maîtres ou des instituteurs que nous exigeons des connaissances, et surtout de la patience pour bien montrer

Voici les dépenses présumées pour le matériel d'un établissement d'enseignement de musique dans chaque commune :

1° Un diapason pour l'instituteur   4 francs.
2° Quatre baguettes de deux pieds de long finissant presque
    en pointe   2
3° Trois tableaux de trois pieds sur deux et demi   24

        Total   30

Ces trois tableaux doivent être peints en noir d'un côté, afin d'y écrire les exemples en chiffres, ou pour y tracer toute autre démonstration ; et de l'autre côté peints en blanchâtre, ou entre bleu et blanc, avec six portées de musique dans toute la largeur de la planche. Ces portées doivent être peintes en noir. Nous ferons remarquer en passant que ces planches peuvent encore servir pour enseigner l'arithmétique aux enfans.

Il serait très-utile aussi d'avoir un tableau avec l'échelle telle qu'elle est présentée à la quatrième leçon, mais peinte avec les couleurs indiquées à la première afin de mieux frapper l'imagination des enfans.

Les moyens moraux nécessaires aux élèves sont ceux que tout enfant qui n'est pas imbécile possède à l'âge de cinq ans.

Les moyens pécuniaires sont ceux de la dépense à faire par les parents, de l'achat de l'*Alphabet musical.*

La manière simultanée est préférable à toute autre pour obtenir les bons résultats de cet enseignement de l'enfance comme de la jeunesse.

Cependant, c'est aux instituteurs, aux maîtres à juger de l'opportunité qu'il y aurait à former une nouvelle division, pour commencer aussi à la première leçon, lorsque la première division serait arrivée à la deuxième série, c'est-à-dire à la vingtième leçon, pour les faire marcher toutes deux ensemble. Dans ce cas, il faut suivre les instructions écrites à cet effet à chacune des leçons de cet *Alphabet.* Dans le cas contraire, il faut faire continuer la deuxième série (20e leçon) ainsi que la troisième (41e leçon) à toute la classe (ce que nous préférons, ce procédé étant le plus utile et le moins embarrassant), en faisant recommencer chacune des séries pour mieux affermir les progrès des élèves, rattraper les arriérés, et pour faire chanter alors, avec assurance, les deux et les trois séries ensemble, comme il est prescrit ; après toutefois le choix fait par le maître des élèves qui doivent lire et chanter la partie ou la leçon de la série qui leur sera le plus convenable, d'après la classe ou le volume de leur voix.

C'est au maître à bien expliquer la théorie que renferme chacune de ces petites leçons que l'enfant doit apprendre par cœur et réciter. Elles sont en gros caractères. Tout ce qui est en petits caractères sert à la direction de l'instituteur seulement. Celui-ci aura soin d'exiger de ses élèves le plus grand silence, un silence absolu : car il ne faut pas méconnaître que c'est l'ordre dans le bruit et dans le mouvement qu'il leur enseigne.

Le maître leur donnera *la tonique,* ou le son du *do* ou du *ré* du diapason, ou à peu près. Il le leur fera répéter simultanément, mais seulement lorsque le sien, celui du maître, sera bien fini et bien entendu. Il ne leur permettra nullement de le donner avant. Ensuite il le leur fera répéter individuellement, et c'est alors qu'il s'apercevra que quelques-uns le donnent mal. Cela durera quelque temps peut-être ; mais que ce défaut individuel d'organe ne l'arrête point dans la marche simultanée et progressive de la classe. Qu'il ne leur en parle pas même· et surtout qu'il n'aille pas tomber dans le préjugé *vulgaire* et *faux* de croire que ces enfans *n'ont pas de voix* ou *n'ont pas d'oreille*, comme le disaient nos prédécesseurs ; car ces voix, ces oreilles ou ces organes se formeront, se corrigeront sans qu'ils s'en aperçoivent, avec plus de facilité qu'eux, les instituteurs, en formeront ces mêmes enfants pour bien lire et bien parler. Qu'on se persuade bien que l'organe du chant est le même que celui de la parole, de la lecture. La différence consiste dans la manière de s'en servir. De même qu'on emploie plus de moyens organiques pour élever la voix en parlant, il en faudra également davantage pour chanter que pour parler.

Pour parvenir plus sûrement à les faire bien chanter en trio, il ne sera pas mal à propos de faire chanter une fois la leçon à chacune des trois divisions avant de les faire chanter ensemble.

Il faut surtout leur bien recommander de faire la plus grande attention à bien battre l'unité avec régularité, c'est-à-dire toujours égale, et de chanter à demi-voix, sans effort, sans crier, sans faire de grimaces ; de chanter enfin comme s'ils parlaient.

Il y aura certaines classes de musique pour lesquelles les leçons de cet alphabet seront peut-être trop longues, trop fortes pour la petite intelligence et pour qu'elles soient apprises et exécutées en une heure; mais nous laissons à la discrétion de MM. les instituteurs la liberté de faire redire une leçon jusqu'à ce que les enfans la sachent parfaitement, et nous le leur recommandons même, car on ne nous fera pas l'injustice de nous supposer capables de vouloir sacrifier le succès certain et solide de notre enseignement à l'ordre que nous supposons pouvoir suivre dans une classe de musique bien montée. Peu importe qu'une leçon soit apprise en un, deux ou trois jours, pourvu qu'elle soit bien et solidement apprise, comme il est très peu important que le résumé soit fait le samedi ou le mercredi suivant, ou tout autre jour de la semaine.

Avant de commencer la première leçon, le maître ou l'instituteur aura soin de lire à ses élèves la définition suivante posément, et de l'expliquer de manière à la leur faire bien comprendre.

Fille du ciel, la musique est dans tout ce qui est créé. Elle est la mère de toutes les langues, quoique l'homme l'ait reléguée jusqu'ici au dernier rang.

PREMIÈRE LEÇON.

Qui parle, *chante*.

Chanter, c'est faire usage des organes de la parole pour produire des sons sur un plan arrêté, convenu ; ainsi quand on chante, comme quand on parle, on produit des *sons*.

Tous les sons que l'homme peut former, chantant ou parlant, se réduisent à *sept* principaux.

Les sept sons qui forment la musique sont représentés par les sept degrés de cette échelle, qu'on nomme *gamme*.

Les sept sons de la gamme sont généralement nommés *do*, *ré*, *mi*, *fa*, *sol*, *la*, *si*.

Après que les enfants auront appris par cœur ces alinéas, que MM. les instituteurs feront répéter individuellement, ils leur présenteront le tableau avec cette gamme peinte (si toutefois ils peuvent se la procurer); les supports couleur de vieux bois ; le premier échelon violet, le deuxième rouge, le troisième jaune, le quatrième noir, le cinquième bleu, le sixième vert, et le septième blanc ; et il faut observer qu'on y ajoute le huitième, parce qu'en chantant cette gamme les élèves auraient de la peine à s'arrêter sur le septième degré sans monter au huitième ; et, de plus, ils verront par la couleur que ce huitième n'est que la répétition du premier. On leur fera observer de plus que les échelons sont plus minces en proportion qu'ils montent, et à l'inverse ; mais que les distances sont les mêmes, excepté du troisième au quatrième et du septième au huitième degrés, ou premier reproduit, qui ne sont que des demies, ce que l'instituteur leur fera remarquer avec la pointe de sa baguette ; il leur chantera la gamme en prenant le son de la tonique un peu bas. Après que les enfants l'auront entendu chanter, il leur répétera le son de la tonique, et il exigera d'eux tous la même répétition, mais seulement après que le son de la tonique de l'instituteur aura cessé, et non avant. Il la leur fera répéter deux ou trois fois, jusqu'à ce qu'ils la disent tous avec une certaine assurance ; après, il la leur fera répéter individuellement, et quand ils seront bien affermis à la répétition de ce son, il leur fera chanter la gamme ascendante et descendante, en touchant avec la pointe de sa baguette les degrés de l'échelle, et s'y arrêtant à chacun le temps que sa conviction soit satisfaite.

Il est possible que toutes les classes ne puissent pas dire la gamme à la première leçon ; dans ce cas, l'instituteur ne leur fera dire que jusqu'au *la*, et le second jour ils diront, sans aucun doute, au commencement de la leçon, la gamme en entier, après qu'il leur aura fait réciter encore cette première leçon. Le procédé de leur faire repasser ainsi la leçon du jour au crieur est très-utile.

ÉCHELLE OU GAMME.

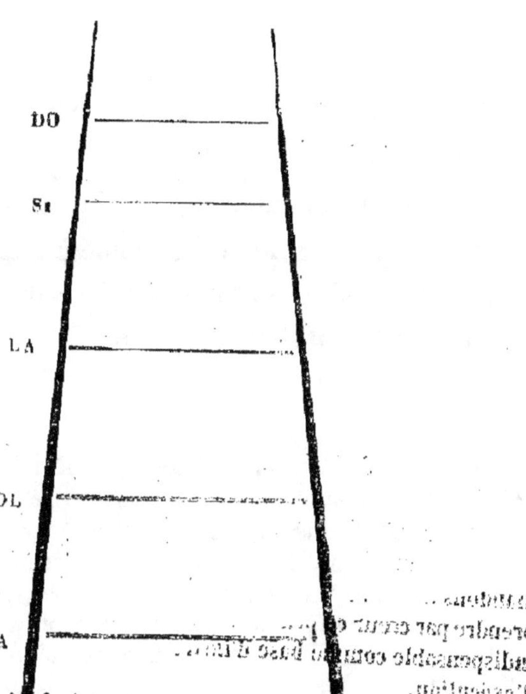

2me LEÇON.

Les sept sons de la gamme sont représentés par les chiffres 1, 2, 3, 4, 5, 6 et 7.

A l'1 on dit *do*, au 2 *ré*, au 3 *mi*, au 4 *fa*, au 5 *sol*, au 6 *la* et au 7 *si* ; et comme on n'aime pas à s'arrêter au *si*, on montera au *do* d'au-dessus qui se distingue du premier par le point dont il est surmonté.

Comme il est déjà dit à l'instruction pour les instituteurs, nous pensons bien qu'il y aura beaucoup d'enfans dans les écoles élémentaires qui ne connaîtront pas plus les chiffres qu'ils ne sauront lire quand ils commenceront la classe de musique. C'est donc à MM. les instituteurs que nous recommandons de se munir de toute la patience nécessaire pour leur faire apprendre par cœur ce peu de théorie que nous y plaçons et que nous croyons indispensable comme base d'instruction pour aider l'enfance aux exercices d'exécution.

Si les enfans n'apprennent pas bien la théorie et la pratique de la leçon du jour en une heure, on y revient le lendemain et on ne leur laisse apprendre la suivante qu'autant qu'ils savent bien celle qui précède.

Que MM. les instituteurs leur fassent voir que l'échelle de la leçon d'aujourd'hui est la même que celle d'hier ; seulement que les syllabes sont remplacées par les chiffres, et que c'est à ces chiffres qu'on dira *do*, *ré*, *mi*, *fa*, *sol*, *la* et *si*. Qu'ils les fassent chanter après simultanément et individuellement, et qu'ils les fassent passer alternativement de la théorie à la pratique et inversement, pour les désennuyer ou plutôt pour les amuser, comme nous avons déjà dit.

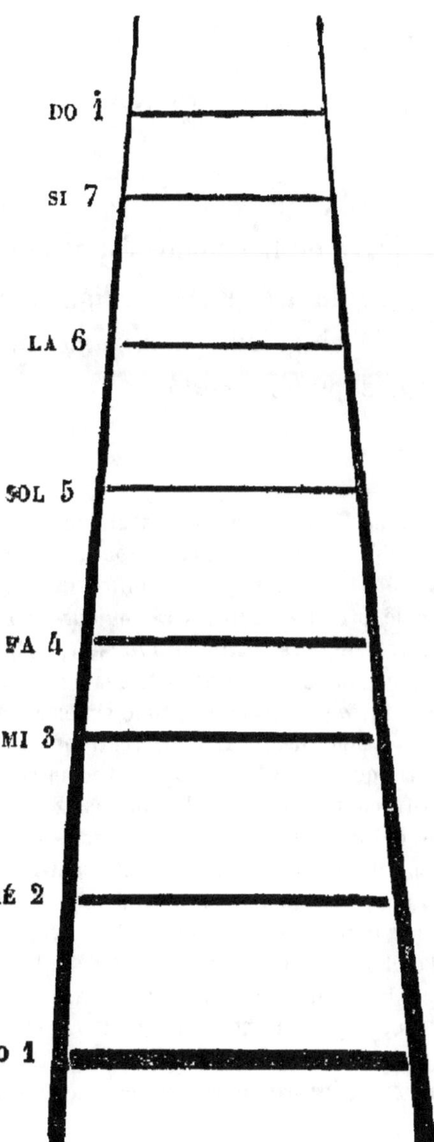

DO 1
SI 7
LA 6
SOL 5
FA 4
MI 3
RÉ 2
DO 1

3ᵐᵉ LEÇON.

Le premier degré de la gamme s'appelle *tonique*, le second *sustonique*, le troisième *médiante*, le quatrième *sousdominante*, le cinquième *dominante*, le sixième *susdominante*, et le septième *sensible*.

Qu'on leur explique bien que ces noms sont donnés aussi bien aux degrés de la gamme qu'ils voient qu'à ceux de toute autre gamme ou échelle qu'on pourra voir plus tard, ainsi qu'aux chiffres qui les représentent; de sorte que le 1, ou le premier degré, sera toujours la *tonique*; le 2, ou deuxième degré, sera toujours la *sustonique*; le 3, ou le troisième degré, sera la *médiante*; le 4, ou le quatrième degré, la *sousdominante*; le 5, ou le cinquième degré, la *dominante*; le 6, ou le sixième degré, la *susdominante*; et le 7, ou septième degré, la *sensible*. Il faut les interroger sur ce sujet, pour s'assurer qu'ils les savent, qu'ils les comprennent.

Si MM. les instituteurs avaient une division assez bien composée pour que tous chantassent bien toute la gamme ascendante et descendante, alors on les diviserait en deux subdivisions et on fait chanter la gamme à une des deux, le second rang, par exemple, et quand celle-là fait le *mi*, il faut faire commencer la gamme au premier rang, leur recommandant bien de faire un son de la gamme à chaque battement de la baguette du maître, afin qu'ils chantent bien ensemble; le second rang le *mi*, le premier rang le *do*, le second rang le *fa* et le premier rang le *ré*, etc. S'ils se confondaient, on met à une certaine distance les deux rangs, et alors ils chanteront bien cette gamme en duo ou par tierces, et cela leur fera du plaisir.

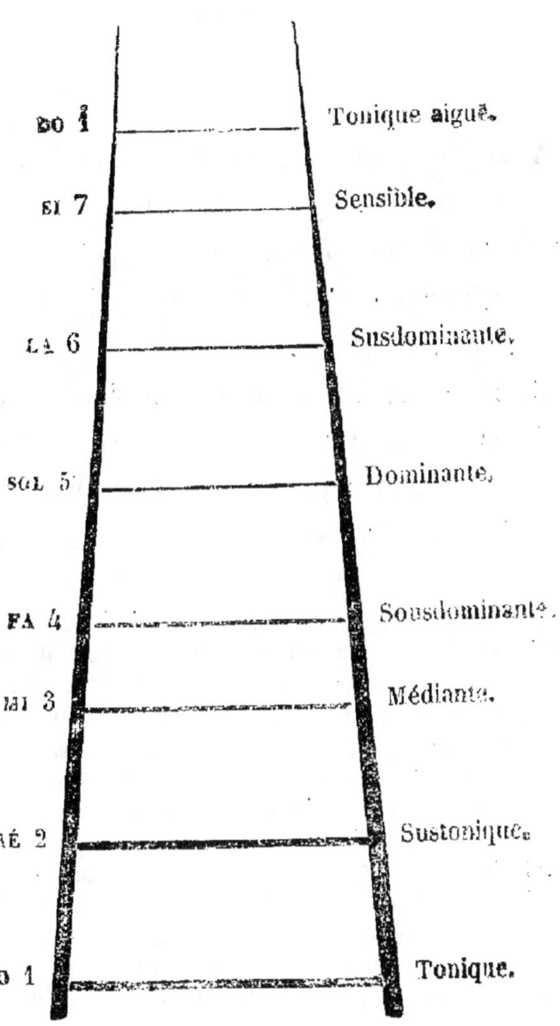

DO 1   Tonique aiguë.
SI 7   Sensible.
LA 6   Susdominante.
SOL 5   Dominante.
FA 4   Sousdominante.
MI 3   Médiante.
RÉ 2   Sustonique.
DO 1   Tonique.

4ᵐᵉ LEÇON.

A l'échelle de sept degrés on peut surajouter une échelle par-dessus et une autre par-dessous; la première s'appelle gamme *normale*; celle qui est au-dessus s'appellera gamme *aiguë*, et celle qui est par-dessous se nomme gamme *grave*.

Les sept chiffres représentent la gamme normale; les chiffres surmontés d'un petit point désignent la gamme aiguë; et quand le petit point est au-dessous des chiffres, c'est la gamme grave.

En présentant aux enfans le tableau de cette leçon, il sera facile à MM. les instituteurs de faire comprendre à leurs élèves la différence entre les sons qui sont *graves*, *normaux* ou *aigus*; et lorsque tous les enfans n'auraient pas bien appris par cœur les deux alinéas de théorie, il n'en est pas moins vrai que si, à l'aide du tableau, on est parvenu à frapper leur imagination par ces trois échelles n'en formant qu'une, il est clair que les enfans ne l'oublieront plus et distingueront à tout jamais les trois sortes de sons qu'ils peuvent faire avec leur voix.

Il faut ensuite leur faire chanter la gamme simultanément sur le tableau, les dirigeant toujours avec la pointe de la baguette, et leur faisant faire quelques sons aigus et quelques sons graves, et prendre, à cet effet, la tonique plus haute ou plus basse en proportion des sons graves ou aigus qu'on voudra leur faire dire; et s'ils sont en état, il faut leur faire chanter la gamme en duo, montant jusqu'au *sol* aigu; ou bien ne montant que jusqu'au *do* aigu, et descendant jusqu'au *sol* grave et remontant jusqu'au *mi* normal, afin que la subdivision qui a commencé la dernière finisse à la tonique.

Ces exercices plairont aux enfans, et on profite de leur bel élan pour commencer à leur faire prendre l'habitude de chanter en duo.

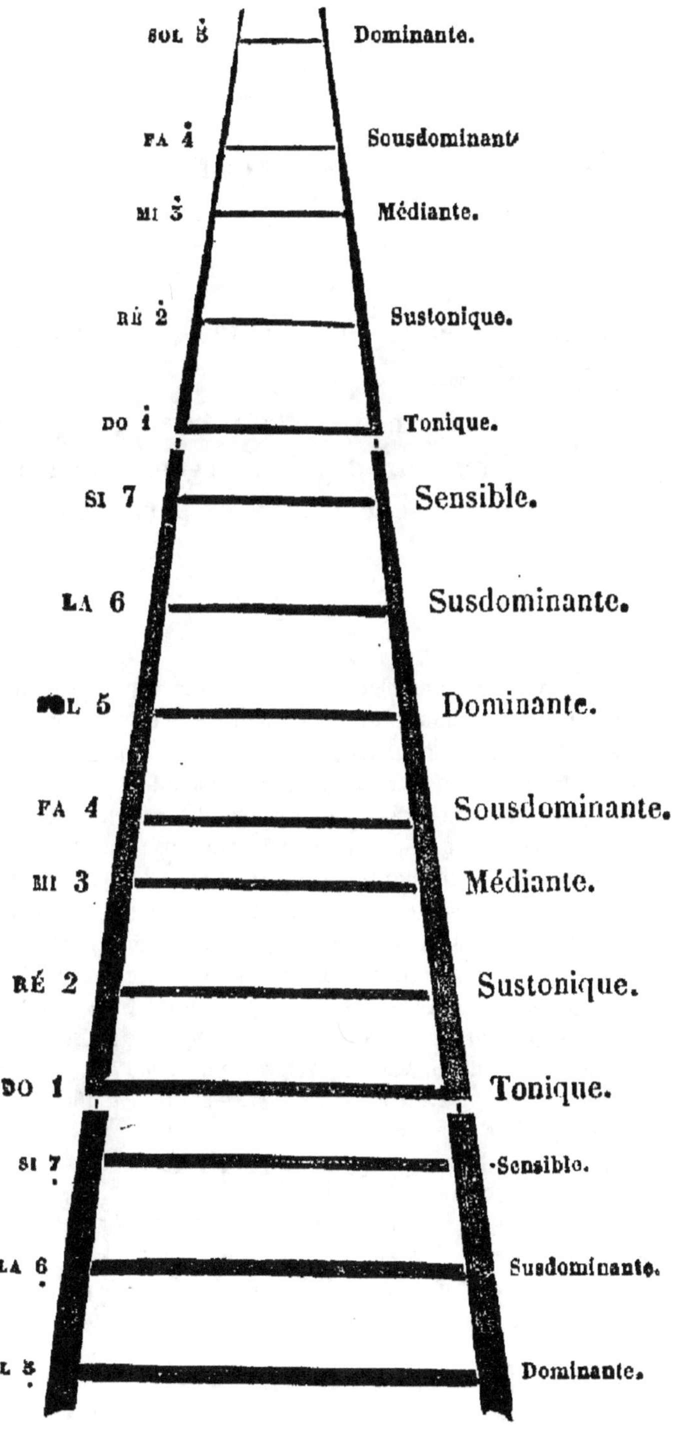

SOL 8   Dominante.
FA 4   Sousdominant/
MI 3   Médiante.
RÉ 2   Sustonique.
DO 1   Tonique.
SI 7   Sensible.
LA 6   Susdominante.
SOL 5   Dominante.
FA 4   Sousdominante.
MI 3   Médiante.
RÉ 2   Sustonique.
DO 1   Tonique.
SI 7   Sensible.
LA 6   Susdominante.
SOL 8   Dominante.

5ᵐᵉ LEÇON.

On peut donner le son de la tonique normale plus haut ou plus bas à volonté.

Aucune voix dans son état naturel ne peut parcourir plus de onze ou douze degrés de la gamme; cependant, par exception et à force de travail, on pourra en faire jusqu'à quinze.

Ces deux règles sont tellement liées ensemble, que l'on ne les trouve jamais séparées; l'une se prouve par l'autre. En effet, qu'on prenne un des enfans de la division et qu'on lui donne une tonique proportionnée au timbre de sa voix; ensuite qu'on lui dise de monter les degrés de la gamme jusqu'à celui qu'il pourra, et l'on verra qu'il s'arrêtera au onzième ou tout au plus au douzième, parce qu'il ne pourra plus monter. Nous supposons qu'on lui aura donné pour tonique le son le plus bas qu'il puisse faire.

Qu'on prenne ensuite un autre enfant qui ait un timbre différent; on sera bien forcé de donner à celui-ci le son de la tonique plus haut ou plus bas qu'on ne l'a fait avec le premier, parce que le timbre de la voix est différent, est plus grave ou plus aigu; et en lui faisant chanter les degrés de la gamme d'après sa tonique, on verra les mêmes résultats que pour le premier. Alors cette conviction sera gravée dans toutes les jeunes têtes de la classe, et on évitera par ce moyen bien des efforts nuisibles aux voix, inutiles et même absurdes.

Comme nous supposons une classe régulièrement tenue les cinq jours de la semaine, à une heure de leçon par jour, cette cinquième leçon du samedi serait spécialement consacrée à repasser les quatre leçons précédentes et à les dire en résumé. C'est comme une halte qu'on fait pour se reposer et en même temps pour jouir de ce qu'on a appris et de ce qu'on a enseigné pendant la semaine.

A cet effet, l'instituteur questionnera chacun des élèves de la division, ou au moins un certain nombre d'entre eux, sur les règles apprises, ou sur chacune des parties qui composent l'ensemble de la gamme, telle qu'elle est présentée à la quatrième leçon. Il les fera chanter de nouveau sur cette gamme, sur ce tableau, par intervalles de dix minutes, leur indiquant avec la pointe de la baguette successivement les degrés qu'ils doivent chanter, et se hasardant, par moment, quand les élèves seront déjà lancés, de leur faire chanter l'accord parfait et par suite les faire monter à la tonique aiguë, ou du *sol* au *do* aigu, et de là les faire descendre par les mêmes degrés que pour monter. Ces exercices sont les plus aisés pour les commençans et surtout pour l'enfance: ce sont ceux-là qui ouvrent la voie pour en faire d'autres plus difficiles.

On revient après à la théorie, aux questions, mélangeant de cette manière, ou à peu près, le travail intellectuel avec le travail physique ou d'exécution, car il faut surtout éviter de fatiguer les enfans tout aussi bien par l'un que par l'autre.

Les enfans auront déjà remarqué que l'échelle est plus mince, progressivement de bas en haut; c'est donc en profitant de ces momens d'attention qu'on leur dira avec fruit que plus les sons sont graves et plus ils sont volumineux, gros; et que par conséquent plus ils feront les sons aigus, et plus ces sons seront minces, faibles; et par la même raison moins ils doivent crier, s'efforcer pour les rendre, pour les donner, et cela n'empêche pas que les distances des degrés ne soient les mêmes pour les sons aigus que pour les graves ou pour les normaux.

Ce que nous disons plus haut pour une classe bien et régulièrement tenue les cinq jours de la semaine, n'exclut pas celles qui ne pourraient avoir lieu que quatre, trois ou deux jours de la semaine; seulement alors les effets de l'enseignement seront plus tardifs en proportion; mais ce que nous supposons ici pour le samedi sera toujours et invariablement pour la cinquième leçon, quel que soit d'ailleurs le nombre qu'on en fera par semaine; c'est la manière de fatiguer le moins possible les jeunes intelligences, et de les faire avancer dans cet art d'un pas ferme et assuré.

6me LEÇON.

*U*n chiffre vaut une unité de temps, et un point à côté du chiffre vaut autant que le chiffre.

Un zéro vaut aussi une unité, mais une unité de silence, et un point à côté du zéro vaut autant que le zéro.

La durée de l'unité de temps est mesurée par un battement régulier fait avec la main gauche.

Aussitôt que tous, ou la plus grande partie des élèves, auront appris cette théorie, le maître leur présentera le sixième tableau et leur fera battre un à un au moins une douzaine de petits coups avec leur main gauche sur leur genou, sur la table ou sur le banc, et avec la plus grande égalité possible, disant à chaque coup qu'ils battront, *une;* après on leur expliquera que l'*unité* est le temps qu'ils emploient pour battre chaque petit coup. On leur recommandera de ne pas taper fort s'ils ont par devant un banc ou une table.

Avant de leur faire chanter ces exemples, on doit leur faire faire les exercices du *chronoomériste*, qui consistent à leur faire mesurer avec justesse la valeur de chacun des chiffres, points ou zéros; en leur observant toutefois que, quand ils trouveront un chiffre avec un ou plusieurs points à côté, ils doivent battre à chaque chiffre et à chaque point, mais qu'ils ne doivent faire que semblant de battre à chaque zéro; et qu'aux points qui sont à côté des chiffres, quoiqu'ils vaillent autant que les chiffres et que les zéros, et par conséquent qu'ils doivent les battre ou faire semblant de les battre, cependant on ne doit pas dire, comme aux chiffres, *une*, parce que les points sont une prolongation seulement ou du chiffre ou du zéro. Ainsi, ils doivent prolonger la prononciation du mot *une* en commençant par u..... à l'unité du chiffre, et ne prononçant le *ne*..... qu'à la dernière unité représentée par le dernier point qui est à côté du chiffre. Ce même procédé aura lieu pour les zéros et aux points qui les accompagnent, mais à voix basse ou en silence.

Après cela on leur fera dire le premier exemple en battant à chaque chiffre; puis le second exemple en battant et chantant à chaque chiffre et à chaque point à côté du chiffre; et enfin on leur fera dire le troisième exemple, battant à chaque chiffre ou point, et faisant semblant de battre chaque zéro et aux points des zéros, toujours avec la main gauche.

PREMIER EXEMPLE.

1 2 3 4 5 5 5 5 4 3 2 1

2ᵐᵉ EXEMPLE.

1. 2. 3. 4. 5 5 5. 4. 3. 2 1 1.

3ᵐᵉ EXEMPLE.

1 0 2 0 3 0 4 0 5 6 5 6 5. 1. 7. 6. 5 1 5 1

5... 4... 3. 0. 2. 0. 1 3 5 3 1. 1. 1. 0.

7me LEÇON.

Trois barres verticales, dont la troisième plus **courte**, indiquent la fin d'un morceau de musique.

Deux barres verticales précédées ou suivies de **deux** points ou sans points s'appellent *reprises*.

Il est inutile de parler aux enfans des effets négatifs des reprises puisque l'une fait reprendre et l'autre non ; nous pensons que ce serait peine perdue ; mais il faut leur dire qu'à la première reprise qu'ils trouveront, si elle a deux points à côté avant elle, il faut recommencer le morceau ; après, si l'on trouve d'autres reprises sans points, elles ne sont là que pour indiquer le commencement ou la fin d'une phrase. Pour les autres reprises avec points, il faut leur faire comprendre que ce sont les chiffres, ou la musique, qui est entre les quatre points des deux reprises, qui doivent être redites.

Nous pensons que les explications que le maître leur donnera sur l'exemple et la pratique leur feront mieux connaître et plus facilement comprendre l'usage des reprises que tout ce qu'on pourrait leur faire apprendre par cœur. C'est donc aux instituteurs à faire une étude spéciale de bien expliquer et faire comprendre avec facilité aux élèves l'objet de la leçon. A cette fin, ils pourront interroger chacun des enfans, par ordre numérique, leur montrant successivement chacun des signes nouveaux ou déjà connus, pour se bien assurer lesquels des enfans apprennent le mieux, font plus attention, pour leur faire gagner les places, toujours de gauche à droite jusqu'au premier, ou pour les leur faire perdre.

1ᵉʳ EXEMPLE.

1 3 5 5 5 1 5 . 3 5 1 3 1 . 5 0 1 3 5 5

5 1 5 . 6 5 6 7 1 . 1 0 ‖

2ᵐᵉ EXEMPLE.

1 2 3 4 5 5 5 0 :‖ 1 2 3 4 1 4 1 4 ‖ 4 3 2 1 4 · 4 0 ‖:

3 4 5 1 7 · 1 5 ‖ 1 3 5 5 ‖: · 2 5 · :‖ 1 3 2 5 1 · 1 0 ‖

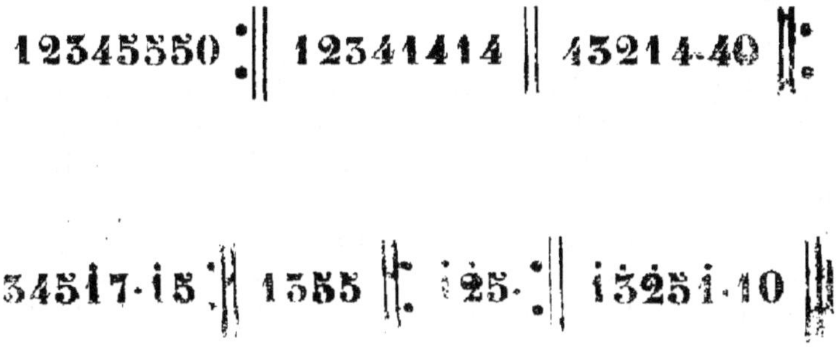

8ᵐᵉ LEÇON.

Il ne peut y avoir que deux *renvois* dans un morceau de musique ; le second fait revenir au premier, et entre les deux est le mot *fin* avant une reprise ; c'est là qu'on doit terminer.

Le D. C. (ou da capo) veut dire qu'il faut recommencer tout le morceau ; voilà pourquoi on ne le trouve qu'après la dernière note.

Il faut d'abord leur montrer les renvois et leur faire remarquer comment ils sont faits ; il faut leur dire aussi que souvent ils en trouveront qui ne seront pas faits exactement comme ceux-là ; mais ils les reconnaîtront toujours facilement.

On les préviendra aussi qu'on peut trouver le premier renvoi, n'importe en quel endroit du morceau, car il n'est pas toujours au commencement du morceau de musique ; c'est différent pour le second : celui-là est toujours après la dernière note.

Il a y bien peu de choses à leur dire au sujet du D C., sinon qu'il n'y en a qu'un, qu'il est placé après la dernière note du morceau, et qu'il faut recommencer jusqu'à ce qu'on trouve le mot fin pour terminer. (voir le deuxième exemple pour le D. C., et le premier pour les renvois) ; après on les leur fait chanter simultanément et individuellement.

1ᵉʳ EXEMPLE.

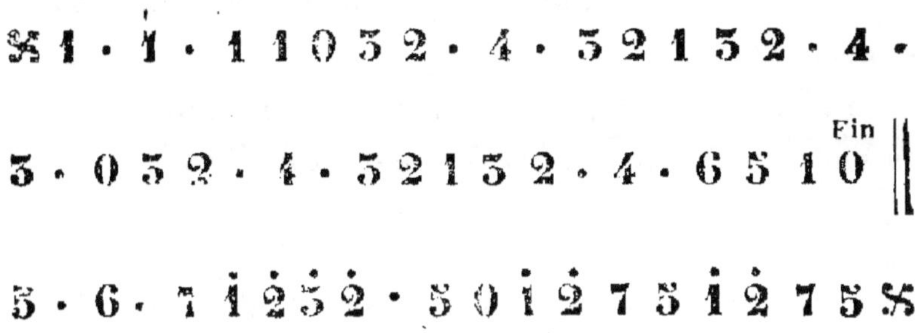

5 1 · 1 · 1 1 0 5 2 · 4 · 5 2 1 5 2 · 4 ·

5 · 0 5 2 · 4 · 5 2 1 5 2 · 4 · 6 5 1 0 ‖ Fin

5 · 6 · 7 1 2 5 2 · 5 0 1 2 7 5 1 2 7 5 5

2ᵐᵉ EXEMPLE.

5 · 1 5 · 1 5 2 7 1 · 5 6 · 1 7 · 6 5 · 4 5 4 5 6 · 5

6 · 5 4 2 5 1 · 0 ‖ Fin. 2 5 4 5 5 · 2 5 4 5 6 · D. C.

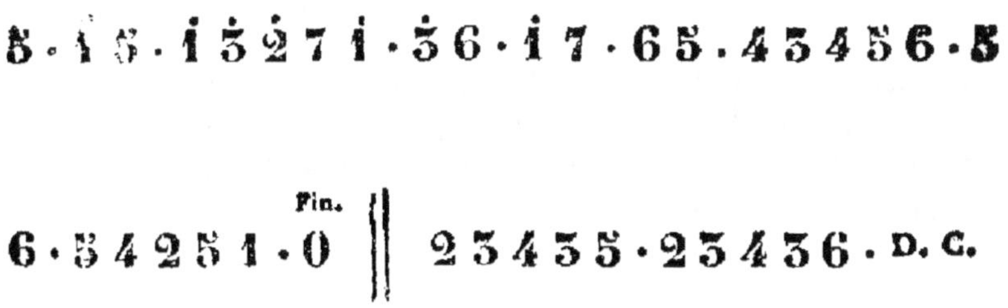

9ᵐᵉ LEÇON.

Le *point d'orgue* est une suspension arbitraire du mou‑
vement.

Le point d'orgue peut être placé sur un chiffre pointé
ou non pointé, sur un zéro, entre deux chiffres.

Présentant aux enfans l'air qui nous sert d'exemple, l'instituteur leur
fera remarquer la figure du point d'orgue placé de trois manières comme il
est déjà dit, sur un zéro, sur des chiffres et entre deux chiffres. Il faut
leur faire bien comprendre qu'on peut s'arrêter aussi long-temps que l'on
veut sur chacun de ces points d'orgue, raisonnablement parlant, s'entend;
et qu'ils peuvent les trouver sur des notes aiguës tout aussi bien que sur
des notes graves. Quand le point d'orgue sera placé sur un chiffre aigu, il
aura le point plus gros que celui du chiffre.

Ensuite on leur dira que le mouvement de battre les unités avec la main
gauche, une fois commencé, ne doit plus cesser jusqu'à la fin du morceau et
toujours avec la même égalité, c'est-à-dire sans aller ni plus ni moins vite;
ils doivent battre toujours aux unités de chant, et simuler aux unités de
silence. Il n'y a donc que le point d'orgue qui puisse suspendre le mouvement.

Nous recommandons à MM. les instituteurs de ne pas négliger les exercices du chronométriste avant de faire chanter la leçon, c'est-à-dire de faire
mesurer la valeur des chiffres et des silences de la leçon du jour.

1er EXEMPLE.

5·535·6·505·535·6·55117·1

665117·16654·342·5·4·

342·1·717157175131513

15·5·335·6·555·335·6·

5·117·1668176451 0 ‖

.0ᵐᵉ LEÇON.

Il n'y a que deux classes de mesures, *binaire* et *ternaire*; *binaire* veut dire celle qui est composée de deux unités; et *ternaire*, de trois.

Il faut leur expliquer d'abord que c'est le nombre de deux chiffres, ou d'un chiffre et un point, ou d'un chiffre et un zéro, ou enfin d'un zéro et un point qui composent la mesure binaire, et de trois chiffres, d'un chiffre avec deux points, d'un chiffre un point et un zéro, de deux chiffres et un point, de deux chiffres et un zéro, et d'un zéro avec deux points, etc., qui composent la mesure ternaire.

Après qu'on est assuré que les élèves savent par cœur cet alinéa de théorie et qu'on leur a bien expliqué ce qu'on vient de lire, on passera au résumé de la semaine; mais, comme il est déjà dit, légèrement, seulement pour rafraîchir la mémoire des élèves sur ce qu'ils ont déjà appris, ou pour mieux les leur développer en cas que quelques-uns ne les eussent pas compris parfaitement. Il est bien entendu que ce résumé doit être fait sans intervertir l'ordre de la leçon.

Après avoir jeté un simple coup-d'œil sur chacune des quatre dernières leçons, on leur fera dire l'exemple qui est à la suite ou en regard de chacune. On commencera donc par les interroger sur la valeur du chiffre, du point, du zéro, du chiffre suivi d'un, de deux ou de trois points; et pareillement on les interrogera aussi sur le zéro suivi d'un, de deux ou de trois points. Puis on leur fera chanter les trois exemples de la sixième leçon successivement et simultanément.

On les interrogera après sur la signification des trois barres verticales dont la troisième plus courte; sur les deux barres verticales aussi précédées ou suivies de deux points à côté, ou sans point à aucun des côtés; et après on leur fait chanter également les deux exercices de la septième leçon.

Après on les interrogera sur la signification de la figure qui est au commencement, et à la fin du premier exemple de la huitième leçon on leur demandera combien on peut en trouver dans un morceau de musique, et quelle est la différence entre ce signe et le D. C. qui est à la fin du deuxième exemple de la même leçon, et on les leur fera chanter également. Enfin on leur demandera ce que fait ce demi-cercle avec un gros point dedans, qu'on voit à l'exercice de la neuvième leçon, et on la leur fera chanter en leur faisant dire avec exactitude l'air tel qu'il est.

Ceux des élèves qui savent lire, qui connaissent les chiffres, doivent chanter les exemples des leçons dont on fait le résumé sur leur alphabet respectif; cela leur donnera l'habitude de lire les exemples sur un petit livre ou sur un petit cahier; ceci est très-avantageux, surtout pour bien lire la musique.

Ces résumés hebdomadaires donneront aussi une connaissance exacte aux instituteurs des progrès qu'auront faits leurs élèves, et ceci les encouragera.

11me LEÇON.

Une virgule sépare chaque groupe de deux ou de trois unités ; les unités de chiffres, points ou zéros contenus entre deux virgules, sont ce que l'on appelle une mesure.

Le premier chiffre, point ou zéro de chaque mesure, binaire ou ternaire, s'appelle *temps fort*, les autres sont des temps faibles.

Il ne faut pas négliger d'expliquer minutieusement aux enfans : 1° Que dans la mesure binaire il faut que tous les groupes séparés par des virgules contiennent la quantité de deux unités, ni plus ni moins, soit en chiffres, soit en points ou zéros, ou mélangés ; de même qu'il en faut trois pour la mesure ternaire ; car ces deux classes de mesures ne peuvent pas être mélangées ; c'est-à-dire, qu'on ne peut faire qu'un groupe soit composé, par exemple, de deux unités et l'autre de trois, ou à l'inverse ; il faut absolument ou que tous les groupes soient binaires ou tous ternaires. Il faut le leur faire remarquer dans les deux exemples et dans tous les exercices possibles. Chaque groupe donc, qui compose une mesure, est séparé par une virgule.

Pour ce qui est dit des *temps forts*, nous croyons inutile de leur en dire davantage pour le moment ; ce sera pour quand il sera question de battre la mesure.

1er EXEMPLE.

,14,30,11,40,15,36,55,5··33,

14··22,3··11,7··1·,15,11,7··1··,

5··0··11,3··11,4··22,5··65,10 ‖

2me EXEMPLE.

345,355,6·5,345,4·3,222,345,

555,6·5,671,3·2,1·0 ‖ 556,4·5,

3·4,222,556,4·5,3·4,2···,D.C.

12ᵐᵉ LEÇON.

L'unité peut être divisée en deux moitiés ou en quatre quarts, etc.

Les chiffres, points ou zéros qui composent l'unité divisée en deux moitiés, ont une barre par-dessus ou par-dessous.

On bat la seconde moitié de l'unité avec la main droite, qu'elle soit indiquée en chiffres, points ou zéros.

Quoique nous soyons convaincus que la plupart des enfans sachant lire peuvent apprendre d'eux-mêmes, ou à l'aide de leurs parens, la théorie que nous mettons dans l'alphabet, cependant nous croyons nécessaire de prévenir MM. les instituteurs, et spécialement ceux des communes rurales, que la plupart de leurs élèves ne sachant pas lire, ils seront bien forcés de la leur apprendre en classe, comme il est déjà dit; mais que MM. les instituteurs ne s'effraient pas quand même ils verraient quelques-uns des enfans qui ne l'apprennent pas par cœur, car ceux-là retiendront assez le substantiel de la théorie quand celle-là leur sera démontrée sur des tableaux. Nous croyons que frapper la vue des enfans pour leur développer l'intelligence est un des meilleurs moyens. Ainsi, c'est au tableau et par la pratique qu'on leur fera comprendre facilement la division de l'unité et la manière de battre la seconde moitié avec la main droite. Qu'on leur répète donc bien que l'unité, de même que la première fraction ou partie de l'unité, étant battue avec la main gauche, doit revenir à une distance toujours égale, invariable jusqu'à la fin du morceau, à moins d'un changement dans le mouvement qu'on aura le soin d'indiquer.

C'est donc à faire bien concevoir aux enfans la manière de mesurer et par conséquent de bien battre l'unité et sa décomposition en deux moitiés qu'il faut que MM. les instituteurs portent en cette leçon toute leur attention. Quand les élèves sauront bien la battre, ou mieux qu'ils l'auront battue successivement en disant *une* à l'unité ou à son commencement, et *deux* à la seconde demi-unité en la battant avec la main droite, on leur fera chanter les exemples toujours successivement, et après simultanément; et quand ils seront bien assurés de ce petit chant, on formera la division en trois groupes et on leur fera chanter ce même air en *canon*; c'est-à-dire que le second groupe commencera à la lettre A, quand le premier arrivera à la lettre B, et le troisième groupe commencera quand le premier arrivera à la lettre C; et tous recommenceront quand ils seront arrivés successivement à la reprise. Cela durera jusqu'à ce que le maître avertisse par un coup de baguette. On leur fait chanter le deuxième exemple après.

1ᵉʳ EXEMPLE.

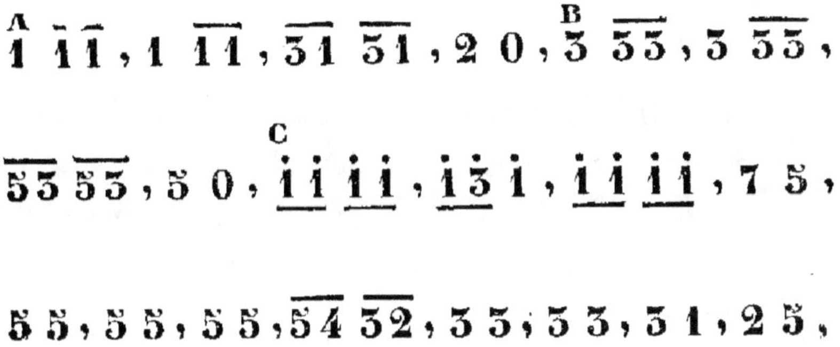

A
1 1̄1̄ , 1 1̄1̄ , 3̄1 3̄1 , 2 0 , B 3 5̄5̄ , 3 5̄5̄ ,

5̄5 5̄5 , 5 0 , C 1̇1̇ 1̇1̇ , 1̇3̇ 1̇ , 1̇1̇ 1̇1̇ , 7 5 ,

5 5 , 5 5 , 5 5 , 5̄4 3̄2 , 3 3 ; 5 3 , 3 1 , 2 5 ,

2ᵐᵉ EXEMPLE.

5 3̄4 , 5̄5 6̄5 , 4 2̄3 , 4̄4 5̄4 , 3̄5 6̄4 ,

3̄5 6̄5 , 4 3 , 2 0 :‖ 4 5 , 4̄2 3̄4 , 5 6 , 5 0 ,

4 5 , 4̄2 3̄4 , 5 6 , 5̄5 5̄5 , 5 3̄4 , 5̄5 6̄5 ,

4 2̄3 . 4̄4 5̄4 , 3̄5 6̄4 , 3̄5 6̄4 , 3 2 , 1 0 ‖‖

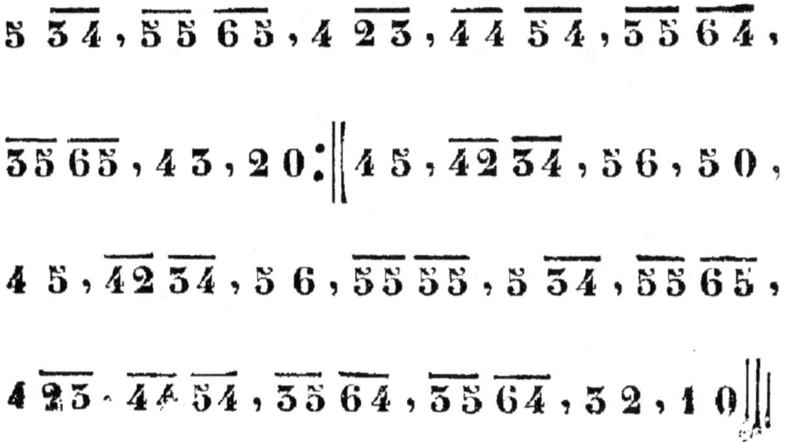

13ᵐᵉ LEÇON.

Les chiffres, points ou zéros qui composent l'unité divisée en quatre quarts, ont deux barres par-dessus ou par-dessous ; et dans ce cas, on bat le premier quart d'unité avec la main gauche, et les trois autres avec la main droite.

Qu'on explique aux enfans, et qu'on fasse toucher même par la pratique, qu'ici ils font deux ou quatre chiffres pendant qu'ils battent une seule fois avec la main gauche ; ou bien que les quatre, ou les deux chiffres se font dans le temps qu'ils font une unité, ou dans le temps qu'ils emploient pour passer du premier battement de la main gauche au second battement de la même main. Il est désirable que les enfans comprennent parfaitement cela, quoique le plus essentiel est qu'ils le fassent, qu'ils le pratiquent, quand même ce serait machinalement ; mais cela est un ouvrage de patience.

Qu'on leur fasse battre l'exercice de cette leçon successivement avant de le leur faire chanter, disant *une* (avec la main gauche) au premier chiffre, *deux* au deuxième, *trois* au troisième, et *quatre* au quatrième de chaque unité avec la main droite, et que pour ces quatre chiffres on n'emploie pas plus de temps que pour deux, ou pour un, mais toujours la valeur de l'unité.

Ces exercices de chronométriste doivent être faits à chaque leçon de cet alphabet.

EXEMPLE.

$$11,\ \overline{11}\,\overline{11},\ \overline{\overline{1234}}\,\overline{56},\ 50,\ 22,\ \overline{\overline{2222}},\ \overline{\overline{2345}}\,67,$$

$$11,\ \overline{2176}\,\overline{5671},\ \overline{2176}\,\overline{50},\ \overline{\overline{5432}}\,\overline{1234},$$

$$\overline{\overline{5432}}\,\overline{10},\ \underline{4345}\,\underline{6567},\ \underline{\overline{1111}}\,\underline{\overline{1111}},$$

$$\underline{1205},\ \underline{1101},\ \underline{1205}.\ 11,\ 11,\ 10\ \|$$

14ᵐᵉ LEÇON.

L'unité peut être divisée en une moitié et deux quarts
ou en deux quarts et une moitié.

On bat toujours le premier chiffre avec la main gauche,
et tous les autres avec la main droite.

On s'étonnera peut-être de voir que nous mettons des exemples aussi
longs que celui de cette leçon ; mais l'expérience nous a prouvé que les enfans ont une telle facilité pour former les sons sur les chiffres, que nous
n'hésitons pas pour rassurer les esprits les plus timides sur ce sujet. Cette
facilité pratique est la vraie cause qui nous a décidés à préférer le système
des chiffres à tout autre, comme moyen pour faire trouver les intonations
aux enfans et même pour leur faire comprendre la division de l'unité ou
rhythme, ainsi que la théorie des intervalles, quand les enfans deviennent
adultes; mais ici on doit s'occuper spécialement de faire bien pratiquer
aux enfans la nouvelle division de l'unité en une moitié et deux quarts, et
inversement en deux quarts et une moitié.

Pour y bien réussir, il faut leur faire battre successivement l'exemple
avant de le chanter. A la première unité de la première mesure on leur
expliquera qu'il faut battre tout de même quatre quarts, comme s'il y
avait quatre chiffres, malgré qu'il n'y en ait que trois; mais le premier
valant une moitié d'unité ou deux quarts, les élèves devront diviser le mot
une en deux moitiés, disant : *u-ne*; l'*u* pour le premier quart et le *ne*
pour le second; le troisième et le quatrième quarts pour les deuxième et
troisième chiffres; et ainsi de même pour toute autre unité divisée de la
sorte; mais à la deuxième mesure l'unité est divisée inversement; il faut
donc dire *une* (avec la main gauche) au premier chiffre, *deux* (avec la
main droite) au deuxième, *trois* au troisième chiffre, et l'on doit prolonger ce trois jusqu'au quatrième quart, disant *troi-as*. Et ainsi de même
à la seconde unité de cette même mesure et de toute autre semblable.

EXEMPLE.

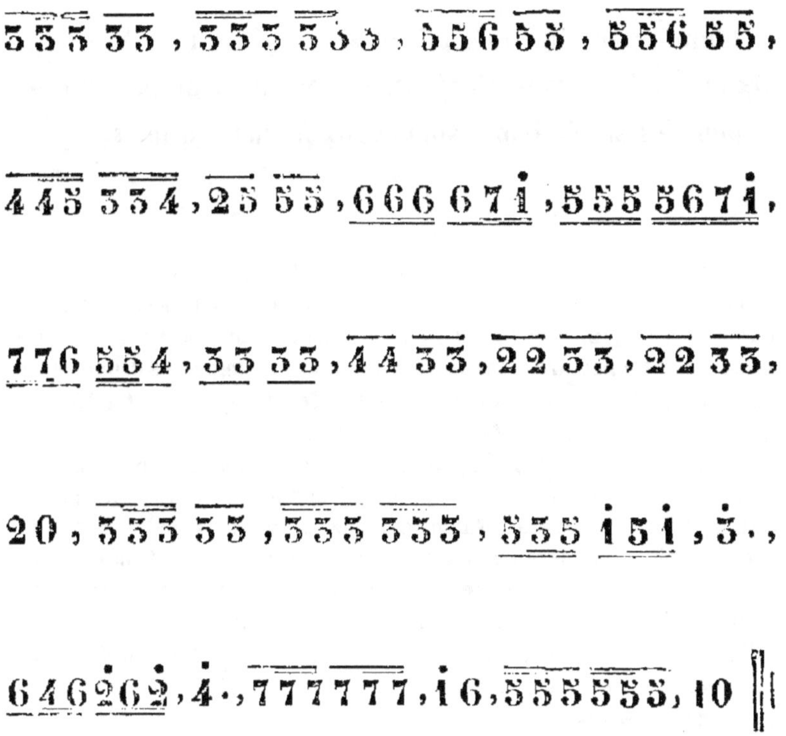

55535 35 , 55535 53 , 55655 , 55655 ,

44534 , 25 55 , 66667i , 55556 7i ,

776 554 , 35 55 , 44 55 , 22 55 , 22 55 ,

20 , 55535 55 , 55535 55 , 535 15i , 5·· ,

646262 , 4·· , 777777 , i6 , 555555 , 10 ‖

15me LEÇON.

L'unité peut être divisée aussi en trois tiers ou en six sixièmes. Les trois tiers seront égaux à deux moitiés, comme les six sixièmes sont égaux à quatre quarts.

Après qu'on leur aura bien expliqué la division et subdivision binaire et ternaire, leur faisant voir que les trois tiers de l'unité sont égaux à l'unite, ou aux deux moitiés de l'unité, ou aux quatre quarts, ou aux six sixièmes, etc.; comme une pomme, par exemple, partagée en deux, ou en trois, en quatre ou en six morceaux égaux; ces six, quatre, trois ou deux morceaux seraient tout-à-fait égaux à cette pomme; les six morceaux ne seraient qu'une seule pomme, comme les quatre morceaux ne composeraient qu'une pomme; et, après qu'on leur aura fait faire l'exemple de cette leçon, on passera au résumé des quatre précédentes; les interrogeant sur la signification des *virgules* et sur les *temps-forts*, et on leur fait exécuter les deux exemples de la 11ᵉ leçon; vient ensuite la manière dont l'unité peut être décomposée et comment ces décompositions doivent être battues, et on leur fait chanter le *canon* et le deuxième exemple de la 12ᵉ leçon; et de même pour les 13ᵉ et 14ᵉ leçons, si toutefois l'heure de la leçon n'est pas écoulée.

EXEMPLE.

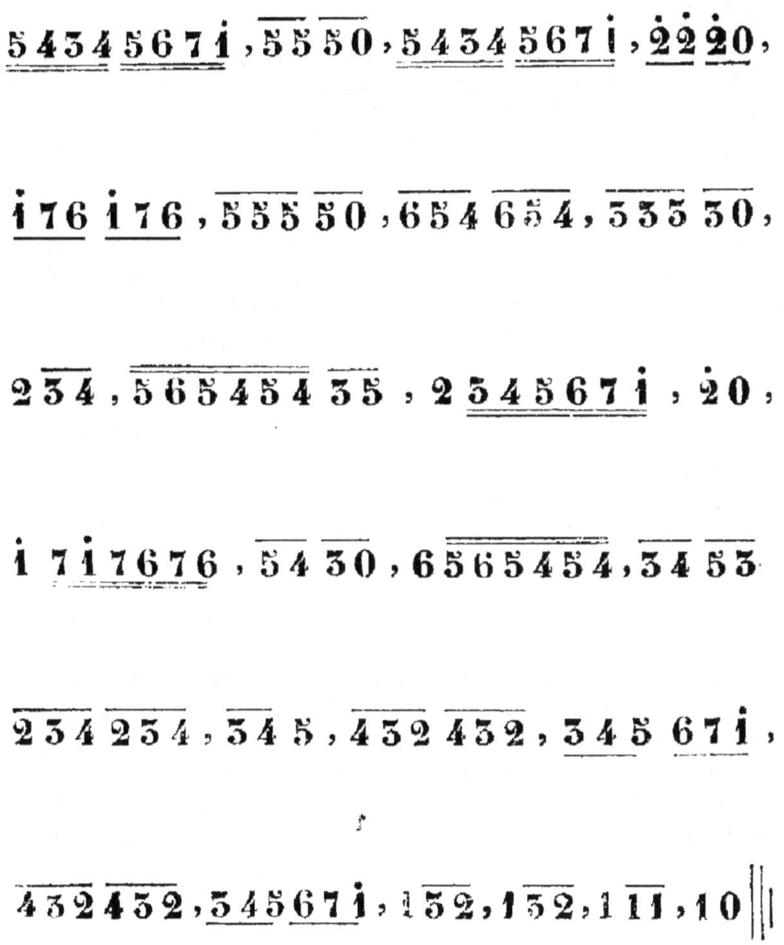

543456 7 1̇ , 5̄5̄5̄0 , 5434567 1̇ , 2̇2̇2̇0 ,

1̇76 1̇76 , 5̄5̄5̄50 , 65465̄4 , 5̄5̄5̄0 ,

2̄5̄4̄ , 5̄6̄5̄45435 , 2̄5̄4̄5̄6̄7̄ 1̇ , 2̇0 ,

1̇ 7 1̇7676 , 5̄4̄30 , 6̄5̄6̄5454 , 3453

2̄5̄4̄2̄5̄4̄ , 3̄4̄5̄ , 4̄3̄2̄4̄3̄2̄ , 3̄4̄5̄ 671̇ ,

4̄3̄2̄4̄3̄2̄ , 3̄4̄5̄67 1̇ , 1̄5̄2̄ , 1̄5̄2̄ , 1̄1̄1̄ , 10 ‖|

16ᵐᵉ LEÇON.

Le point est un prolongement du son représenté par le chiffre qui est avant lui.

Quand le point est dessus ou dessous d'une ou de deux barres, le son du chiffre qui est avant le point s'appelle *son pointé*.

Le point, dans ce premier exemple, doit être battu avec la main gauche, puisqu'il est la première demi-unité ; mais il faut avertir les enfans que toutes les fois que le point est un prolongement du chiffre qui le précède, ils doivent par conséquent continuer le son du chiffre pendant qu'ils marqueront le point avec la main gauche ; le second chiffre se fait avec la main droite. Le premier chiffre vaut une unité et demie (avec le point s'entend), et le second une demi-unité, ce qui complète la quantité de la mesure binaire.

On leur fera chanter ce premier exemple, et après on passera à l'examen du second en leur faisant observer que les points de ce second n'ont que la moitié de la valeur de ceux du premier ; ainsi, ceux du premier sont surmontés d'une seule barre, tandis que ceux du second en ont deux ; ceux du premier sont des demi-unités et ceux du second des quarts d'unité. Aussi, en battant le chronomériste, on aura grand soin de faire battre chacune des unités ainsi divisée, par quatre quarts ; les trois premiers quarts pour le premier chiffre et le point, et le quatrième quart pour le second chiffre.

En mettant la prière dans cette leçon, nous anticipons, certes, sur l'ordre des matières contenues dans cet alphabet, puisque nous faisons chanter avec des paroles, tandis que nous ne parlons de ces exercices qu'aux dernières leçons ; mais nous y sommes contraints par le désir de donner au plus tôt une belle habitude morale et religieuse aux enfans. Nous prions donc MM. les instituteurs de leur faire chanter, à commencer de cette leçon, soit au commencement de la leçon de musique, ou soit à l'ouverture journalière de la classe, cette prière.

1ᵉʳ EXEMPLE.

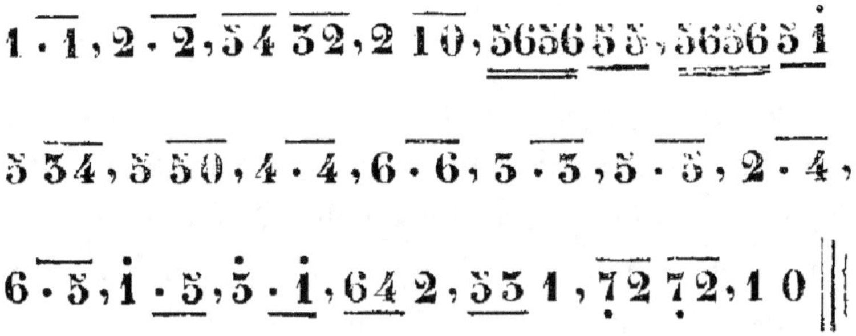

1·1, 2·2, 5432, 2 10, 565655, 565651

534, 550, 4·4, 6·6, 5·5, 5·5, 2·4,

6·5, i·5, 5·i, 642, 531, 7272, 10 ‖

2ᵐᵉ EXEMPLE.

5, 1·1 1 1, 1·2, 5·5 5 5, 5·1 5 5,
Ex - au- cez-nous, Seigneur, Ex-au- cez-nous, Seigneur, Daignez-nous

6 44 5 6, 5·4503, 4·52·34, 5···,
rendre ce jour prospé - re, Veil-lez sur nous tou - jours,

45·2, 4·50, 6 5·4, 5·4 5··, 65·4,
ô no - tre pé - re! Nous vous of - frons nos vœux et no - tre

505 55, 22 444, 5·4 5·1, 6·6 554,
cœur! O notre pé-re! veillez sur nous Toujours, toujours, veillez sur

5·0, 405002·5·0, 405002, 1·0 ‖
nous, Veil-lez sur nous Veil-lez sur nous.

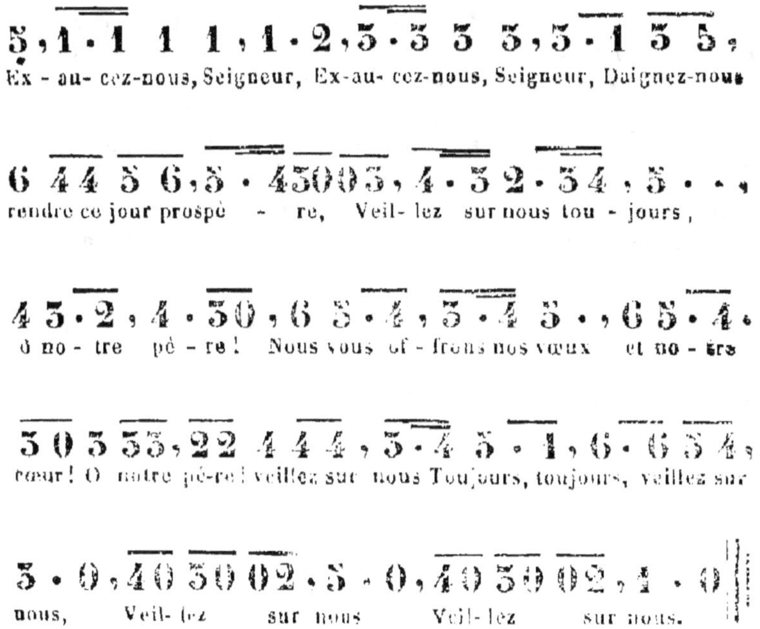

17ᵐᵉ LEÇON.

On appelle syncope, en général, deux unités ou deux demi-unités qui sont liées par un demi-cercle qui est dessus ou dessous les deux chiffres de la même espèce.

Le son du second chiffre est prolongé sans être nommé.

La syncope fait le même effet que le point.

Dire aux maîtres combien il est nécessaire qu'ils fassent comprendre et surtout bien exécuter aux élèves les syncopes avec précision et sans force, sans affectation, est leur indiquer assez le grand rôle que les syncopes jouent dans toute composition musicale. Ainsi nous recommandons à MM. les instituteurs de s'appliquer à faire bien connaître et surtout à bien faire battre et à bien faire exécuter les syncopes de la leçon que nous donnons pour exemple.

Que MM. les instituteurs sachent bien que ce sont les principes émis et enseignés dans cette division qui sont les premières bases, les fondemens de notre enseignement; et que, par conséquent, elles doivent être solidement apprises. Il faut faire, enfin, avec les seize leçons qui composent cette première série, ce que fait un bon architecte en jetant les fondemens d'un bon, d'un solide et très-vaste édifice.

EXEMPLE.

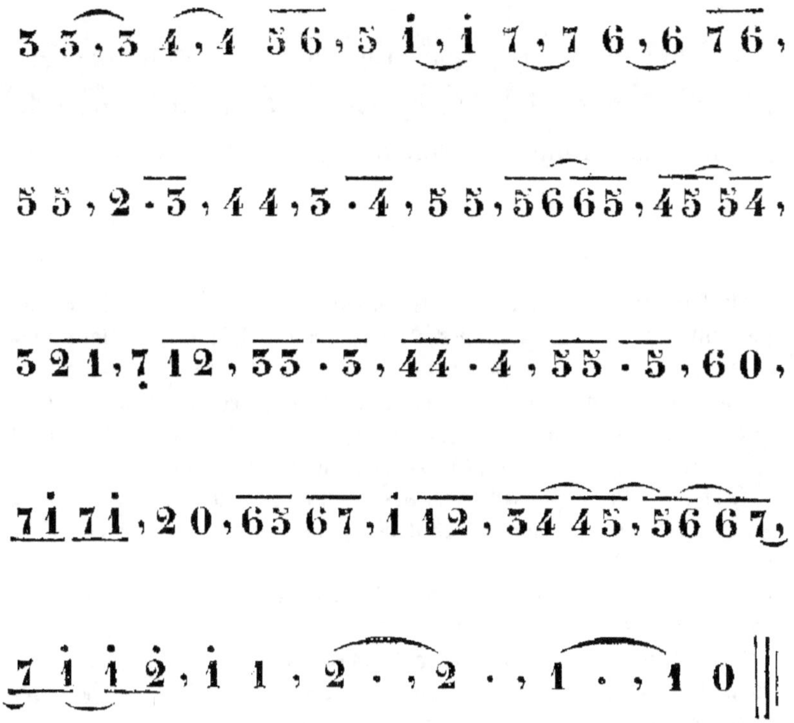

3 3̑ , 3̑ 4̑ , 4 5̄6̄ , 5 1̇ , 1̇ 7 , 7 6 , 6 7̄6̄ ,
5 5̄ , 2 · 5̄ , 4 4 , 5 · 4̄ , 5 5 , 5̄6̄6̄5̄ , 4̄5̄ 5̄4̄ ,
5 2̄1̄ , 7 1̄2̄ , 5̄5̄ · 5 , 4̄4̄ · 4 , 5̄5̄ · 5 , 6 0 ,
7̱1̱ 7̱1̱ , 2 0 , 6̄5̄ 6̄7̄ , 1̇ 1̄2̄ , 5̄4̄ 4̄5̄ , 5̄6̄ 6̄7̱ ,
7̱1̱ 1̱2̇ , 1̇ 1 , 2 · , 2 · , 1 · , 1 0 ‖

18me LEÇON.

On appelle syncopes aspirées une succession de sons
intercalés de silences, n'importe la valeur du son ou du
silence, mais toujours d'une manière uniforme.

On fera remarquer que les quatre premières mesures du premier exemple sont composées de syncopes aspirées d'une unité ; qu'aux deux mesures suivantes, les syncopes sont d'une demi-unité ; qu'à la dix-septième
mesure, les syncopes sont placées inversement de celles des quatre premières mesures ; et de même que les vingt-et-unième, vingt-deuxième et
vingt-troisième mesures sont en syncopes d'une demi-unité.

Qu'on fasse remarquer d'avance les cinquième, neuvième, treizième et
quatorzième mesures ; on connaît déjà la manière de les exécuter. Ensuite,
on examinera les syncopes aspirées d'un quart d'unité chacune qui sont
aux septième, huitième, onzième et douzième mesures ; il faut avertir les
enfans, en passant, qu'on peut en trouver aussi en sens inverse de cette
même valeur. On leur fait répéter ces mesures de syncopes aspirées plusieurs fois de suite, jusqu'à ce que par la force de la pratique les élèves les
comprennent parfaitement bien et les exécutent encore mieux.

1.er EXEMPLE

$$10, 20, 30, 40, \overline{30}\,\overline{40}, \overline{30}\,\overline{40}, 6, 50,$$

$$\underline{7\,\diamond\,\underline{10}}, \underline{6070}, \underline{5060}, \underline{4050}, 30, 10, 2\cdot,$$

$$50, 01, 02, 03, 04, \overline{05}\,\overline{04}, \overline{05}\,\overline{04},$$

$$\overline{02}\,\overline{05}, 10 \;\|\|$$

2.e EXEMPLE.

$$1\,\overline{34}, 55, 3\cdot4, \overline{55}\,\overline{55}, \overline{2030}\,\overline{4050},$$

$$\overline{6060}60, \underline{71}\,\underline{21}\,\underline{7}, \dot{1}50, \overline{6050}\,\overline{4030},$$

$$\overline{2030}40, 534\,567\dot{1}\cdot\ddot{2}2\,767, \dot{1}5\dot{1}5,$$

$$\dot{1}4\dot{1}3, 20\overline{7}, 10 \;\|\|$$

19me LEÇON.

La mesure binaire peut être augmentée d'une quantité égale à elle-même, et alors la nouvelle unité est représentée par un chiffre et un point ou par deux unités ordinaires.

La mesure binaire peut être diminuée d'une moitié, et alors l'unité est représentée par un chiffre surmonté d'une barre ou par une demi-unité.

Il est indispensable de bien frapper l'intelligence des enfans par ce fait arbitraire de présenter la valeur de l'unité par un chiffre, par un point ou par un zéro ; car on peut tout aussi bien la représenter par un chiffre et un point, ou par un chiffre et trois points, ce qui la rendrait doublement augmentée en partant toujours du type, le chiffre seul ; de même qu'on la représente par un chiffre surmonté d'une barre, ou par un chiffre avec deux barres, ce qui la diminuerait doublement, en partant toujours du type, le chiffre seul. Cela disposera les enfans à reconnaître que l'unité peut être représentée arbitrairement par toute autre figure.

Quoique dans le premier exemple l'unité soit représentée par un chiffre et un point, cependant on doit battre à chaque chiffre, point, ou zéro, comme si elle n'était pas augmentée ; à l'inverse du deuxième exemple, où l'on battra avec la main gauche chaque demi-unité type, parce qu'ici elle représente l'unité

1er EXEMPLE.

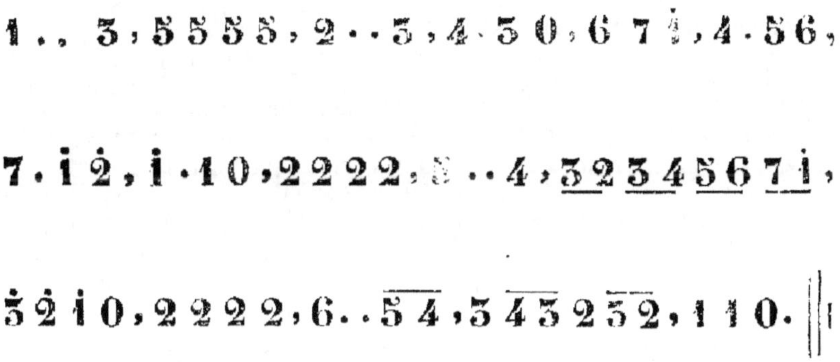

1 . . 3 , 5 5 5 5 , 2 . . 5 , 4 . 5 0 , 6 7 4 , 4 . 5 6 ,

7 . i 2 , i . 10 , 2 2 2 2 , 3 . . 4 , 5 2 3 4 5 6 7 i ,

5 2 i 0 , 2 2 2 2 , 6 . . 5 4 , 5 4 3 2 5 2 , 1 1 0 . ‖

2me EXEMPLE.

5 5 , 5 6 7 i , 5 3 , 5 4 5 6 , 2 3 4 5 , 6 7 i 2 , 5 ,

i 0 , 6 7 i , 2 2 , 5 6 7 , i i , i 7 7 6 , 6 5 5 4 ,

3 . 5 , 2 5 , 2 5 2 5 , 5 5 , 5 5 5 5 , 6 0 , 0 7 , i i ,

1 1 . 1 0 ‖

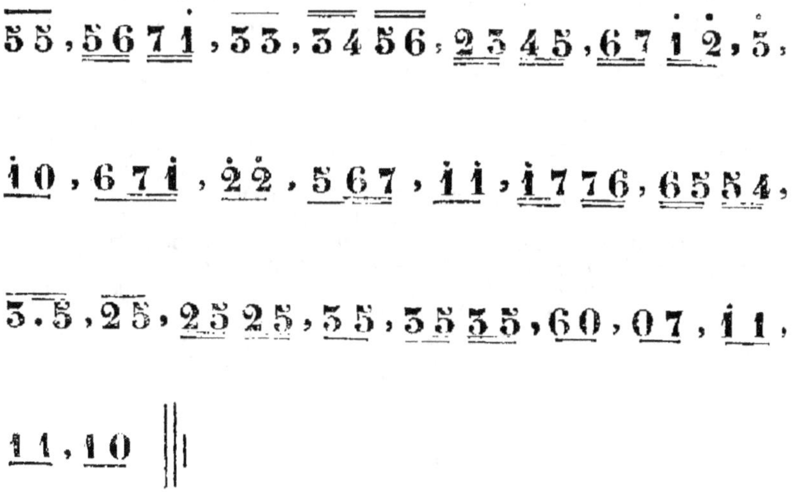

20me LEÇON.

Nous ne mettons pas de règle à apprendre dans cette leçon, parce que nous croyons utile de donner un jour de repos extraordinaire de temps en temps aux enfans; ensuite parce que nous conseillons à MM. les instituteurs de consacrer cette séance à repasser les seize leçons qui précèdent, et surtout en la partie pratique.

Après, MM. les maîtres choisiront les individus qui à la leçon suivante remplaceront ceux de la sixième division qui va devenir la cinquième. Il faut prendre les plus âgés; à moins, cependant, que parmi eux il n'y ait quelque enfant qui, par sa capacité ou disposition extraordinaire, mérite d'être classé entre ceux d'un âge plus avancé; mais cela arrive très-rarement, et MM. les maîtres ne sauraient être trop circonspects sur ces choix.

MM. les instituteurs préviendront les enfans qui doivent former la nouvelle division de se procurer l'*Alphabet*, surtout ceux qui savent lire, et d'apprendre par cœur les cinq petits alinéas en gros caractères de la première leçon.

21me LEÇON.

On appelle *notes* les figures qui représentent le *son*.

Les sept sons de la gamme sont représentés en musique par des notes.

Les notes ont leur nom stéréotype particulier, et on les écrit sur des lignes noires horizontales et dans leurs intervalles.

Nous appelons ces lignes des barreaux noirs, et leurs intervalles, des barreaux blancs; la réunion des cinq barreaux noirs pour écrire la musique se nomme *portée*.

L'instituteur fera placer la cinquième division à un autre endroit de la même salle que celui qu'elle occupait, afin de le laisser libre pour la nouvelle sixième division. Il nommera coryphée de la sixième le premier élève de la cinquième division, pour qu'il fasse réciter ou apprendre la théorie à la sixième pendant le premier quart-d'heure; et l'instituteur fait chanter les leçons antérieures, et surtout la dix-neuvième, à la cinquième division, mais sur l'alphabet et non sur le tableau. Au deuxième quart-d'heure il passe à la sixième, qu'il fait chanter aussi, simultanément ou alternativement, tandis que son coryphée est revenu à la cinquième pour réciter et faire réciter la théorie d'après le système déjà indiqué. Au troisième quart-d'heure, le maître revient à la cinquième, s'assure que tous les individus savent la leçon par cœur, la leur explique sur le tableau, et les fait chanter, tandis que le second élève de la cinquième a été nommé coryphée de la sixième pour le troisième quart-d'heure, pour l'expliquer aux élèves de cette division de manière à la leur faire bien comprendre. Et au quatrième quart-d'heure, le maître revient à la sixième pour la faire chanter de nouveau, pendant que la cinquième s'assure, sous la direction de son premier élève, de la théorie pratique de la leçon.

PORTÉE.

22ᵐᵉ LEÇON.

Les barreaux de la portée, comme les degrés de l'é-
chelle, se comptent de bas en haut.

Les notes en général ont une queue en haut ou en bas
de leur tête.

Les têtes des notes se posent sur les barreaux de la portée et indiquent le son.

La voix, dans son état naturel, peut donner onze ou
douze d   s de la gamme.

L'instituteur veillera à ce que l'élève nommé coryphée de la sixième
pour le premier quart-d'heure fasse bien réciter ou apprendre la leçon,
tandis que lui fa t chanter à la cinquième division la dix-huitième leçon.
Au second quart-d'heure, il passe à la sixième division pour lui faire
chanter la leçon du jour, tandis que le premier élève de la cinquième re-
tourne à sa place pour la réciter lui-même, la faire réciter ou la faire
apprendre. Au troisième quart-d'heure, l'instituteur revient à la cinquième, s'assure que les élèves qui la composent la savent bien par cœur,
la leur explique, la leur démontre sur le tableau et la leur fait chanter.
Ensuite il leur dit que compter les barreaux de la portée ou tout degré de
l'échelle de bas en haut donne une grande facilité pour s'entendre, et que
ce n'est que comme exception qu'on compte de haut en bas. Il leur dira
aussi que les queues des notes sont comme les barres des chiffres, qu'il
est indifférent qu'elles soient par-dessus ou en-dessous; mais que pour la
régularité et la propreté de l'écriture, on fait les queues des notes en bas
quand les têtes sont au-dessus du troisième barreau noir, et à l'inverse.
Après il leur fera voir sur le tableau que si l'on se sert de la portée composée de cinq barreaux noirs, c'est parce qu'effectivement on n'a pas besoin
de plus pour chanter, puisque la voix ne peut pas faire plus de notes ou
plus de sons que ceux qui sont écrits sur cette portée, et on les leur fait
compter.

23ᵐᵉ LEÇON

Les notes qui sont écrites sur la portée de l'exemple s'appellent *noires*.

La noire représente l'unité.

La tonique normale peut être placée sur chacun des barreaux noirs ou blancs de la portée, depuis le premier noir jusqu'au quatrième noir inclusivement.

Que MM. les instituteurs fassent dire aux enfans de la cinquième division la dix-septième leçon pendant le premier quart d'heure ; et au troisième quart d'heure, qu'ils leur expliquent sur le tableau la réalité de la règle émise dans le troisième alinéa de la théorie, avant de la leur faire chanter en battant l'unité à chaque noire. Ensuite on leur fait chanter sur une tonique quelconque, non la gamme, mais plusieurs sons de la gamme formant un air, quand ce serait même un air fait au hasard ; mais ayant toujours le soin de ne pas leur faire franchir une trop grande distance d'un degré à un autre.

La tonique normale pouvant être placée sur un barreau quelconque de la portée, ceci indique assez la faculté qu'on a en soi-même de prendre le son de cette tonique plus haut ou plus bas, à volonté, selon le timbre de la voix, selon l'organe, enfin selon la volonté de chacun.

Le coryphée, comme à l'ordinaire, fera réciter ou apprendre la leçon à la sixième, et le maître les fera chanter dans les deuxième et quatrième quarts d'heure. Tout le reste se passera comme aux leçons antérieures.

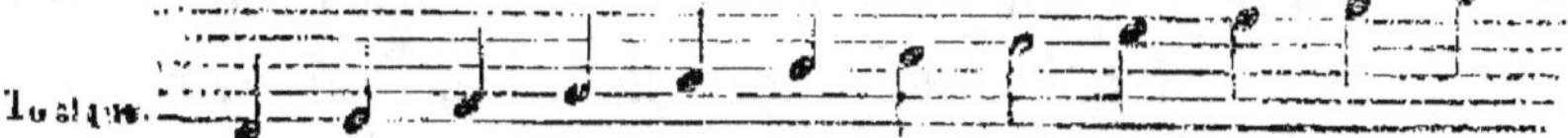
Lusingando.

24me LEÇON.

Les sons normaux de la gamme commencent par le barreau de la tonique et finissent à celui de la sensible; tous les sons qui sont au-dessus de la sensible normale sont aigus, et ceux qui sont au-dessous de la tonique normale sont graves, n'importe le barreau sur lequel elle est placée

On peut se servir de barreaux supplémentaires au-dessus et au-dessous de la portée.

MM les instituteurs n'auront pas grande peine pour faire comprendre aux élèves que la tonique normale étant placée au deuxième barreau noir, la sensible normale sera au cinquième barreau noir, et que par conséquent toutes les notes qu'on puisse trouver au-dessus du cinquième barreau noir seront aiguës et toutes celles qui seront dessous le barreau tonique seront graves; cependant, c'est encore pour qu'ils le comprennent mieux et plus facilement que nous avons placé au dessus de cette gamme, sur la portée, les prénoms ou monosyllabes en majuscules pour les normaux et en minuscules pour les graves et aigus; et de plus, nous y avons placé aussi les chiffres par dessous, afin qu'ils entrevoient qu'avec le temps ils pourront traduire la musique en chiffres comme les chiffres en musique.

Les deux sons aigus *ré* et *mi*, écrits sur un sixième barreau supplémentaire et au dessus, indiquent assez à MM. les instituteurs qu'il est bon de profiter de cette occasion pour leur en parler, pour leur expliquer qu'on peut en faire également sous la portée.

Tout le reste de la leçon se fera comme à l'ordinaire: il faut les faire chanter seulement sur la planche, touchant avec la pointe de la baguette les sons qu'on veut faire dire, et pour se reposer, il faut les interroger sur les notes qui sur la portée et selon la tonique, sont médiante, dominante ou sensible, etc.

sol la si DO RE MI FA SOL LA SI do ré mi
Tonique
5 6 7 1 2 3 4 5 6 7 1 2 3

25me LEÇON.

Une figure faite comme un o, en musique, s'appelle *ronde*; la ronde vaut quatre unités, comme un chiffre et trois points.

Une figure carrée noire, placée au-dessus du troisième barreau noir, s'appelle une *pause*; la pause vaut toute une mesure, mais de silence, comme un zéro et trois points.

Il faut se livrer entièrement au résumé des leçons antérieures pour le chant; ou bien, aux exercices du méloplaste; on le sait, le méloplaste n'est autre chose que la portée de musique présentée en grand afin de pouvoir faire trouver à un nombre considérable d'élèves les sons indiqués par le maître avec la pointe de la baguette. Avant, on leur dit sur quel barreau on place la tonique; et ensuite on a soin de ne leur indiquer en intervalles que ceux que raisonnablement les élèves peuvent franchir

26me LEÇON.

Une figure comme un o, avec une queue, s'appelle *blanche*; la blanche vaut deux unités, comme un chiffre et un point.

Une figure carrée noire, placée au-dessous du quatrième barreau noir, s'appelle *demi-pause*; la demi-pause vaut deux unités de silence, comme un zéro et un point. La demi-pause ne peut être employée que dans la mesure binaire augmentée.

Une figure comme celle d'un mauvais sept fait à l'inverse s'appelle *soupir*; le soupir vaut une unité de silence, comme le zéro.

Nous croyons que MM. les instituteurs n'auront pas grande peine pour expliquer et bien faire comprendre aux enfans cette leçon et les suivantes, surtout si les enfans n'ont pas été négligés dans la sixième division où toutes les leçons de la cinquième s'y rapportent; moins cependant l'usage de lire les notes sur la portée, déplacer à chaque leçon le barreau tonique afin de leur en donner l'habitude, et répéter le même procédé plus tard, mais par le moyen des clés.

Après avoir touché avec la pointe de la baguette chacune des figures de musique qui est l'objet des trois petits exemples, les leur avoir expliquées, ainsi que leur avoir démontré les rapports qu'il y a de ces figures avec les chiffres, points et zéros, on leur fera nommer les notes en battant les unités, les unités prolongées, et simulant de battre sur les silences; le tout sans chanter.

Nous empruntons ce procédé à la méthode Wilhem, parce que nous le croyons très-utile pour les enfans. Ce procédé est appelé par lui *solmisation*.

Après l'exercice de solmisation, on leur fait chanter individuellement et simultanément ces trois exemples; et au dernier quart d'heure, si la sixième division est prête, on les leur fait chanter ensemble. Dans le cas contraire, on attend, pour commencer ces exercices, à la leçon suivante.

Premier exercice avec la 6e leçon.

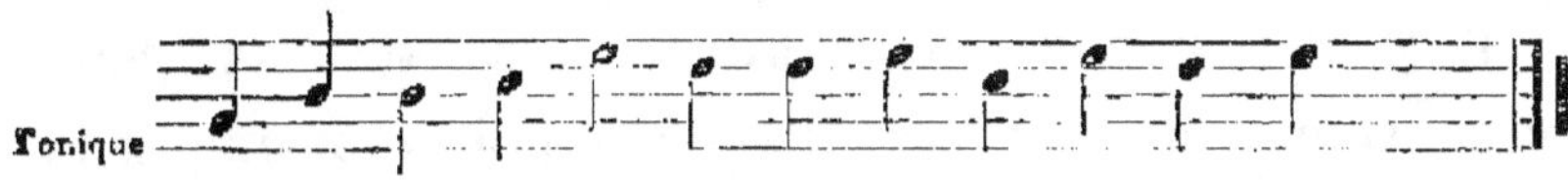

Deuxième exercice *idem*.

Troisième exercice *idem*.

27ᵐᵉ LEÇON.

Une figure comme celle d'un mauvais sept s'appelle,
en musique, *demi-soupir ;* le demi-soupir vaut une demi-
unité, comme un zéro surmonté d'une barre.

On trouvera le demi-soupir plus loin.

C'est à faire réciter de nouveau la théorie de la leçon antérieure, en cas
que les enfans ne l'aient pas bien apprise, que MM. les instituteurs doivent
s'appliquer en celle-ci. Ensuite on leur fait faire les exercices de solmisation
avant de leur faire chanter les exemples sur la nouvelle tonique et de leur
faire dire quelles sont les notes normales, graves ou aiguës qu'il y a dans
les exemples.

Et dans le dernier quart d'heure on s'applique à leur faire chanter les trois
exercices de la leçon antérieure avec la cinquième division, en cas qu'on ne
les ait pas dits ; et ensuite on en fait autant avec les trois de cette leçon.

Nous croyons très-utile de faire chanter dès à présent les deux divisions
ensemble, en duo ; cela étonnera peut-être ; il se peut qu'on le croie impossible de prime abord, puisqu'il n'y a pas de mesure ; les enfans ne la
connaissent pas encore ; ils ne savent ni la battre, ni si elle doit être
battue ; mais qu'on songe bien que toutes ces difficultés sont déjà vaincues
par la connaissance et l'habitude qu'ils ont de battre l'unité avec régularité.
C'est donc en la battant avec la plus grande égalité possible qu'on parviendra
à les faire chanter en duo avec facilité. A cet effet, le maître leur donnera
le son de la tonique, qu'il fera répéter aux deux divisions ; et ensuite il
fera répéter à chacune le son de la première note. De plus, le maître battra au moins quatre unités avant de faire commencer le duo aux deux
divisions.

L'usage de faire lire et chanter en mélodie et en harmonie des leçons
en mesure sans qu'elle soit marquée, nous paraît d'un très-heureux résultat, parce que les enfans se trouvent forcés plus directement à étudier, et
par conséquent à donner à chaque figure de musique la valeur qui lui est
assignée ; cela fixe dans leur intelligence, et d'une manière ineffaçable, la
connaissance de la valeur des notes.

Exemple pour la 27ᵉ leçon.

Premier exercice avec la 7ᵉ leçon.

Deuxième exercice idem.

5

28me LEÇON.

Il n'y a rien à faire apprendre par cœur aux enfans dans cette leçon; leur jeune mémoire se reposera; mais en compensation il faut les faire exercer longuement et posément sur les exercices de solmisation; car c'est là le plus essentiel de notre alphabet par rapport au déplacement journalier du barreau tonique; puisque le barreau qui dans la leçon antérieure était à la sustonique, par exemple, dans celle d'aujourd'hui devient la tonique, et dans celle de demain il sera la sensible grave, etc. Mais qu'on ne s'effraye pas de cet immense avantage, car les enfans obtiennent assez facilement ce résultat, cette habitude.

Après leur avoir fait solmiser et chanter l'exemple de cette leçon, on en fera autant avec les deux exercices qui doivent être bien sus, bien préparés. pour être chantés avec la sixième division dans le dernier quart d'heure de la leçon du jour. Ici on trouvera reproduit l'usage des renvois et du D. C. ou *da capo*.

Exemple pour la 28ᵉ leçon.

Premier exercice avec la 8ᵉ leçon.

Deuxième exercice avec *idem.*

29ᵐᵉ LEÇON.

Encore du repos pour la mémoire des enfans, mais beaucoup à faire lire la sormisation, à faire contracter l'habitude de lire les notes à quelque barreau que la tonique soit posée. Dans l'exemple de cette leçon, ainsi qu'à l'exercice avec la neuvième, la tonique est posée au deuxième blanc. Lire facilement avec cette tonique, ce serait plus utile qu'avec les autres, s'il pouvait y avoir une différence entre l'utilité de la tonique posée plutôt sur un barreau que sur un autre. Tout doit se faire dans le même ordre qu'aux leçons antérieures, excepté cependant qu'il faut avertir les enfans qu'ils ne trouveront presque jamais des sons si aigus que ceux de l'exercice avec la sixième division (avec cette tonique s'entend) pour aucune voix; mais ils peuvent les trouver, avec le temps, quand ils apprendront quelque instrument. De plus, il est toujours utile de lire des notes sur des barreaux supplémentaires.

30ᵐᵉ LEÇON.

Celle-ci est pour redire spécialement les quatre leçons en duo avec la sixième division. La leçon du samedi, comme il est déjà dit, ou chaque cinquième leçon, doit être spécialement consacrée à cela. Ces exercices leur donneront petit à petit l'habitude de chanter en harmonie et en même temps cela varie l'allure monotone de la classe.

Exemple pour la 20ᵉ leçon.

Exercice avec la 9ᵉ leçon.

31ᵐᵉ LEÇON.

La virgule des chiffres est remplacée, en musique, par
une barre de haut en bas de la portée, qu'on nomme *bâton
de mesure*.

La mesure binaire, en musique, est indiquée au commencement des morceaux seulement, par un 2 ou par un 2/4.
et par un 3 ou un 3/4 lorsque la mesure est ternaire.

Il y a très-peu de chose à dire au sujet des bâtons de mesure; il suffit de
les leur faire voir sur l'exemple. Quant aux indications de la mesure, il
faut leur dire qu'il est indifférent de l'indiquer par un 2 ou par un 2/4. puisque les deux manières indiquent la mesure binaire.

Nous ne mettons pas d'exemple pour cette leçon; le premier exercice
avec la onzième suffit; mais nous donnons en compensation la manière
d'écrire les différentes pauses qu'il faut leur faire voir et surtout leur faire
comprendre.

Il faut leur dire que la première manière, celle qui comprend jusqu'à la
reprise, est en usage quand le nombre des pauses n'est pas bien considérable.

Nous répétons ici qu'il est impossible qu'aucune voix puisse faire les
sons aigus écrits sur ces deux exercices; mais c'est pour faire contracter
l'habitude de cette lecture aux enfants que nous les écrivons ici. Pour pouvoir les bien chanter il faut prendre la tonique normale un peu basse pour
la sixième division.

Premier exercice avec la 11ᵉ leçon.

Deuxième exercice *idem.*

32ᵐᵉ LEÇON.

Les figures qui représentent l'unité, ou la noire, divisée en deux demi unités, s'appellent *croches*.

Les deux croches qui divisent l'unité sont formées comme deux noires unies par une barre à l'extrémité de leur queue.

Quand les croches sont séparées une à une, elles sont formées d'une noire avec un crochet au bout de la queue.

Cette leçon doit être enseignée comme les précédentes, et il ne sera pas bien difficile à MM. les instituteurs de la faire comprendre aux enfans; nous croyons qu'il suffit de leur faire voir les deux manières d'écrire les croches. Mais ce qui demande un peu plus d'attention, c'est de les habituer à battre avec égalité les deux croches, malgré qu'ils l'aient déja fait aux deux moitiés de l'unité présentées en chiffres.

Nous recommandons de nouveau et très-spécialement les exercices de solmisation pour se former à la lecture de chaque nouvelle tonique.

Nous observerons que pour faire chanter l'exercice avec la sixième division, il faut faire prendre à la seconde la médiante normale, par où elle commence, comme si c'était la médiante aiguë.

Exemple de la 32e leçon.

Exercice avec la 12e leçon.

33me LEÇON.

Les figures qui représentent la noire, ou l'unité, divisée en quatre quarts, s'appellent *doubles-croches*.

Les doubles croches ont deux barres qui les réunissent par le bout de la queue.

Quand les doubles croches sont séparées une à une, elles ont deux crochets au bout de la queue.

Après avoir montré aux enfans avec le bout de la baguette les doubles croches réunies quatre à quatre, et leur avoir démontré sur les croches séparées de l'exemple que les doubles croches dans ce cas auraient deux crochets, on passe à les leur faire battre de la même manière qu'on l'a fait en chiffres quand nous avons présenté l'unité divisée en quatre quarts. Ensuite on fait faire les exercices de solmisation, toujours en battant ou mesurant la valeur des fractions de l'unité de la manière déjà connue.

Après, il faut que MM. les instituteurs fassent observer aux enfans qu'ici presque toutes les notes de l'exemple sont graves; cela est par une raison toute simple; c'est que plus la tonique normale est placée sur les barreaux d'en haut de la portée, et moins la voix peut parcourir des sons au-dessus de sa tonique normale.

Nous répétons qu'ici il faut faire prendre la tonique aiguë à la 5e division pour chanter l'exercice avec la 6e, malgré que la tonique de l'exercice soit normale.

Exemple de la 33e leçon.

Exercice avec la 13e leçon.

6

34me LEÇON.

L'unité, ou la noire, peut être divisée en une croche et deux doubles croches et à l'inverse.

On bat la première note de celles qui forment l'unité avec la main gauche, et toutes les autres avec la main droite.

Faire comprendre aux enfans qu'une croche et deux doubles croches forment une unité et à l'inverse, ce n'est pas bien difficile ; mais nous n'en dirons pas autant pour les leur faire battre, pour les leur faire mesurer avec justesse ; et cependant nous n'approuvons pas qu'on apprenne aux jeunes élèves à décomposer la valeur de l'unité machinalement en battant la mesure, comme on nous l'apprit à nous-mêmes dans notre enfance. C'est donc à cette partie de la leçon qu'il faut que MM. les instituteurs s'appliquent, mettent à l'épreuve leur patience, jusqu'à ce qu'ils parviennent à faire battre avec justesse ces deux décompositions de l'unité à leurs jeunes élèves. A cet effet, il ne sera pas inutile que MM. les instituteurs relisent la 14e leçon.

Exemple de la 34ᵉ leçon.

Exercice avec la 14ᵉ leçon.

35ᵐᵉ LEÇON.

La valeur de l'unité, ou la noire, peut être divisée aussi
en trois tiers représentés par trois croches, ou en six
sixièmes représentés par six doubles croches; les trois
croches, dans ce cas, s'appellent *triolet*, et les six doubles
croches, *double triolet*.

Quand les notes qui forment le triolet ou le double
triolet sont présentées une à une, le triolet est surmonté
d'un petit trois et le double triolet d'un six.

Faire bien comprendre aux enfans que les trois croches sont égales à deux
quand les trois sont unies par une barre, ou quand elles sont séparées,
mais surmontées d'un petit trois qui indique le triolet, c'est démontrer à
leur jeune intelligence qu'il faut dire ces trois croches plus vite que les
deux, parce que les trois n'ont pas plus de valeur que les deux; les trois
forment une unité quand elles sont triolet, comme les deux quand elles ne
le sont pas; et on revient à l'exemple de la pomme partagée en trois morceaux égaux, ou en deux, et ce n'est toujours qu'une pomme. Il est clair
qu'une fois cette souche de division ternaire comprise, ils verront alors
très-facilement que six double croches sont égales à trois croches, comme
quatre doubles croches sont égales à deux croches; et par suite, que six doubles croches peuvent être égales à quatre, comme trois croches sont égales
à deux; ou en résumé, que l'unité peut se diviser en deux moitiés, en
trois tiers, en quatre quarts, ou en six sixièmes, etc. Mais ce à quoi on doit
s'appliquer le plus, c'est à leur faire battre avec attention ces différentes
sortes de décompositions de l'unité, battant toujours la première note avec
la main gauche et toutes les autres avec la main droite, et le plus également
qu'il soit possible.

On ne fait pas de résumé des quatre leçons de la semaine, 1° pour varier,
2° parce que nous croyons qu'élèves et maîtres auront déjà assez de s'occuper à bien comprendre et surtout à bien pratiquer ce que contient la
leçon.

Le mot *bis* qui est au-dessus de la treizième mesure du premier exemple
signifie qu'il faut dire cette mesure deux fois. C'est un moyen comme un
autre pour réparer une distraction.

Exemple de la 35e leçon.

Exercice avec la 15e leçon.

Le point, en musique, vaut la moitié de la valeur de la
note qui le précède ; ainsi, une noire avec un point à côté
vaudra une unité et demie, et une croche avec un point
vaudra les trois quarts de l'unité ; comme une blanche avec
un point vaut trois unités, et une ronde avec un point en
vaut six, etc.

Comme tôt ou tard les enfans remarqueraient que le point en musique
n'est pas absolument la même valeur que le point en chiffres, il ne sera
pas inutile de leur en parler de suite, et de leur dire que le point en chiffres est égal aux chiffres mêmes ; il a sa valeur selon les barres qui le sur
montent ; tandis qu'en musique le point ne vaut jamais que la moitié de
la valeur de la note qui le précède ; et si le point est suivi d'un second
point, le second ne vaut que la moitié du premier, et par conséquent le
quart de la valeur de la note qui le précède.

Nous recommandons à MM. les instituteurs de veiller a ce que les enfans
battent, sachant bien ce qu'ils font, les notes pointées, surtout les noires
et les croches ; et en cas de besoin, que MM. les instituteurs relisent à ce
sujet la seizième leçon.

L'exercice à faire avec la seizième leçon est la prière journalière ; il faut
donc exercer les deux divisions à pratiquer les notes pointées dans cette
prière et la faire dire tous les jours immanquablement en duo au commencement de l'heure de musique, à moins qu'on ne la dise à l'ouverture jour
nalière de la classe.

Exemple de la 56°.

Prière avec la 16° leçon.

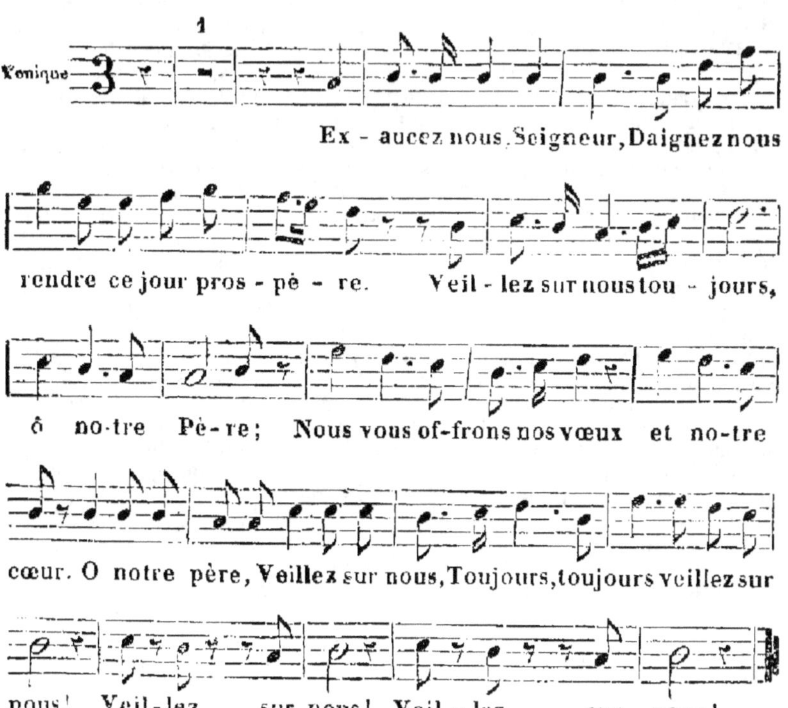

37ᵐᵉ LEÇON.

Deux notes de la même espèce liées par un demi-cercle placé par-dessus ou en-dessous de leurs têtes forme *la syncope*.

Est syncopée aussi la note qui vaut autant que les deux qui l'approchent le plus, une de chaque côté, c'est-à-dire celle qui est avant et celle qui est après, n'importe la valeur relative.

Nous ne mettons pas ici d'exercice avec la sixième division, afin que MM. les instituteurs puissent se livrer entièrement à inculquer à leurs élèves l'esprit et surtout la pratique des syncopes pendant toute la leçon.

D'abord ils feront remarquer aux enfans les syncopes de la dernière unité de la deuxième mesure et première unité de la troisième mesure (premier exemple) ; et la dernière unité de la sixième mesure avec la première de la septième. Ensuite on leur fait remarquer et on leur explique les syncopes des treizième et quinzième mesures ; celles-là ils les comprendront et les feront assez facilement ; mais aux vingt-et-unième et vingt-deuxième mesures nous plaçons ces mêmes syncopes en croches ; ceci est plus difficile pour eux ; cependant nous les mettons parce qu'il est indispensable qu'ils les connaissent ; et ensuite, afin qu'on puisse leur faire comprendre en leur démontrant, que ce premier sol croche, avec ces deux *fa* syncopes et le *mi* suivant (vingt-et-unième mesure), forment une syncope égale à celle du *ré* croche, *mi* noire et *fa* croche suivant de la vingt-deuxième mesure ; et que ce dernier *fa* lui-même forme encore syncope avec le premier *fa* de la vingt-troisième, etc. Cela compris, il faut les leur faire mesurer avec attention, en leur fesant voir qu'ils diront deux avec la main droite au premier *fa* (vingt-et-unième mesure et une avec la main gauche au deuxième sans pouvoir le nommer, ce qui forme un prolongement du premier ; et deux au *mi* avec la main droite ; ils feront le même battement aux trois notes suivantes, à la vingt-deuxième mesure, puisqu'elles ont la même division ou rhythme que les quatre dont nous venons de parler ; ils savent effectivement qu'une noire vaut comme deux croches et ils voient que ce *mi* (de la vingt-deuxième mesure) est une noire précédée et suivie d'une croche, égales aux quatre croches antérieures.

Si MM. les instituteurs parviennent à faire bien comprendre et mieux exécuter les syncopes du premier exemple, ils auront bien moins de peine pour obtenir le même résultat dans le deuxième exemple, parce que ce sont les mêmes syncopes, mais présentées par des figures d'une valeur différente.

Premier exemple.

Deuxième exemple.

38me LEÇON.

Une suite de sons intercallés de silences d'égale ou d'inégale valeur à celui des notes, s'appelle *syncopes aspirées.*

Nous ne croyons pas nécessaires d'autres explications pour les maîtres comme pour les élèves au sujet des syncopes aspirées, que celles qui ont été données à la dix-huitième leçon, et les exercices de celle-ci pour les leur faire bien connaître et bien pratiquer.

Il faut donc s'appliquer à la partie pratique de cette leçon plus qu'à la théorie, et surtout à faire chanter les deux exercices avec la sixième division.

Premier exemple et exercice avec la 18e leçon.

Deuxième exemple et exercice avec la 18e leçon.

39ᵐᵉ LEÇON.

La mesure indiquée au commencement des morceaux
par un C, ou un 4, ou un ₵ (C barré), est augmentée :
cependant on peut l'indiquer par un 2, parce qu'elle est
binaire ; l'unité est représentée par une blanche quoiqu'on batte à chaque noire. C'est seulement dans la
mesure indiquée par un ₵ qu'on bat l'unité à la blanche.
Voir le deuxième exemple.

On remarquera qu'au deuxième exemple les croches se présentent quatre à quatre ; cela veut dire que chaque quatre croches, deux noires ou une
blanche, représentent l'unité ; et si au premier exemple il y a dans chaque
mesure la même quantité qu'au deuxième, et cependant on ne réunit pas
les croches par quatre, il faut expliquer aux enfans que cela consiste en ce
qu'à la mesure qui est indiquée par un ₵, on bat à chaque blanche ou à sa
valeur équivalente ; de sorte que quatre croches ici, dans le deuxième exemple, sont comme quatre doubles croches dans la mesure binaire type, deux
noires comme deux croches, et deux blanches comme deux noires, etc.,
tandis que dans le premier exemple on bat à chaque noire.

Premier exemple.

Deuxième exemple.

40ᵐᵉ LEÇON,

La mesure indiquée au commencement des morceaux
par $\frac{4}{4}$, ou par $\frac{2}{8}$, est diminuée; cependant on peut l'indiquer par un 2 seulement parce qu'elle est binaire quoique
l'unité soit représentée par une croche.

Après avoir bien démontré aux enfans que toutes ces manières d'indiquer la mesure binaire au commencement des morceaux seulement se résu-
ment à une seule, le 2, qui indique la mesure binaire type pour toutes
les mesures binaires augmentées et diminuées de quelque signe ou chiffre
qu'elles soient précédées; ou bien, que tout se réduit à la possibilité derepré-
senter l'unité par une figure blanche, noire, croche, double croche, ou
ronde, ou par toute autre figure de convention, on leur fera solmiser
l'exemple, et après on les fera revenir sur les quatre dernières leçons. Avant,
on leur fera remarquer aussi que chaque deux doubles croches, dans cet
exemple, sont réunies, par la raison inverse que les quatre croches de la
dernière leçon sont réunies; ici chaque deux doubles croches représentent
l'unité, omme là chaque quatre croches.

n se disposera pour former la nouvelle sixième division comme on l'a
fait à la vingtième leçon.

Tonique
2
8

41ᵐᵉ LEÇON.

Il y a en musique trois sortes de clefs, celle de *fa*, celle de *do* et celle de *sol*.

La clef de *fa*, qui est la plus basse, se pose sur les quatrième et troisième barreaux noirs.

La clef de *do* se pose sur les quatrième, troisième, deuxième et premier barreaux noirs.

La clef de *sol*, qui est la plus haute, se pose sur le deuxième barreau noir.

Avant de commencer la leçon, l'instituteur aura lu avec le plus grand soin la page 6, à l'instruction pour les instituteurs, qui commence par : *A la quarante et unième leçon.* Ensuite il formera la nouvelle sixième division; il lui assignera pour coryphée le premier ou le plus apte des élèves qui composaient la sixième division, qui dès cette leçon devient cinquième; et choisit pour coryphée de la cinquième le plus apte des élèves de la cinquième, qui dès ce jour devient quatrième division; et il fera pour le reste comme il lui est prescrit dans ladite page 6; enfin, il observera rigoureusement qu'il y ait pendant chacun des quarts d'heure de leçon une division qui fasse l'exercice du chant et les autres la théorie, ou bien, enfin, ils apprendront par cœur les leçons; ceci à voix basse, afin de distraire le moins possible la division qui chante, de sorte qu'elle s'entende, qu'elle puisse écouter son propre chant.

On présentera à la quatrième division le tableau des clefs pour les leur faire voir et les distinguer par la différence de figure. On leur expliquera que ce sont les deux petits points qui renferment le troisième ou le quatrième barreaux noirs qui indiquent sur lequel des deux la clef de *fa* est placée; que ce sont les deux petites barres horizontales qui renferment le barreau qui indiquent sur lequel des quatre noirs est placée la clef de *do*; et enfin, que c'est le rond qui renferme le deuxième barreau qui forme la clef de *sol*.

Après, on leur fera observer que ces trois sortes de clefs se divisent en sept, deux de *fa*, quatre de *do* et une de *sol*; comme il y a sept sons dans la gamme, et comme il y a sept toniques normales dans la portée. Ensuite on leur expliquera bien que le barreau sur lequel se trouvera la clef portera le monosyllabe qui lui donne le nom, c'est-à-dire que les quatrième et troisième barreaux seront toujours des *fa* quand ils auront la clef de *fa*; les barreaux qui portent la clef de *do* seront toujours des *do*; et le second barreau sera toujours un *sol* quand il portera cette clef; cela est dans toute la portée et pendant tout le morceau, à moins qu'on ne change la clef soit au milieu soit au commencement de la portée.

On leur fera remarquer aussi que les clefs ne se posent jamais sur les barreaux blancs, tandis que les toniques sont placées sur les sept premiers barreaux blancs ou noirs de la portée.

Les deux exemples écrits à la clef de *fa* au quatrième et au troisième barreaux noirs serviront spécialement ici pour faire trouver aux élèves sur lequel des barreaux, en partant du *fa* au quatrième ou du *fa* au troisième, selon la clef, on trouve placée la tonique normale. Ce sera toujours la tonique qui sera le point de départ pour trouver les autres notes de la portée. Après on les leur fait chanter.

Clefs de *Fa.* Clefs de *Do.* Clef de *Sol.*

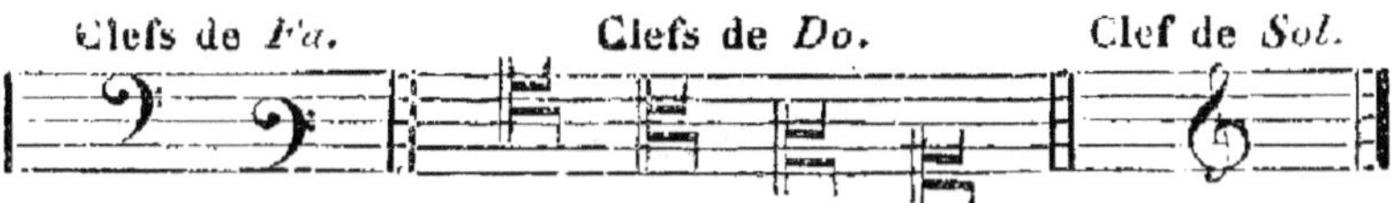

Premier exemple.

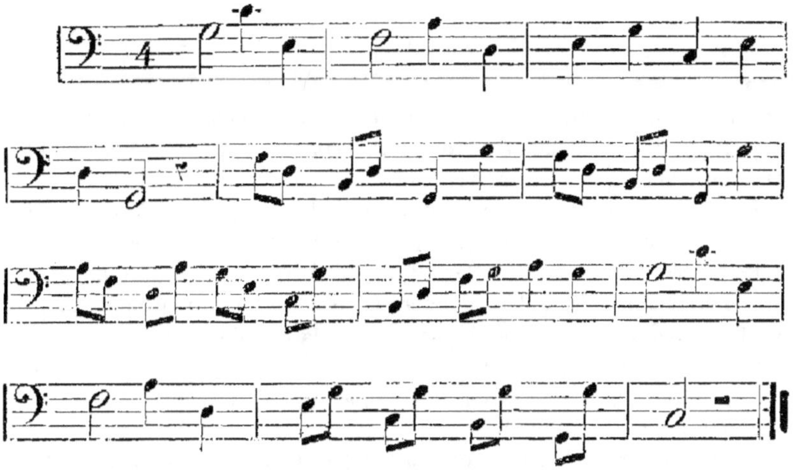

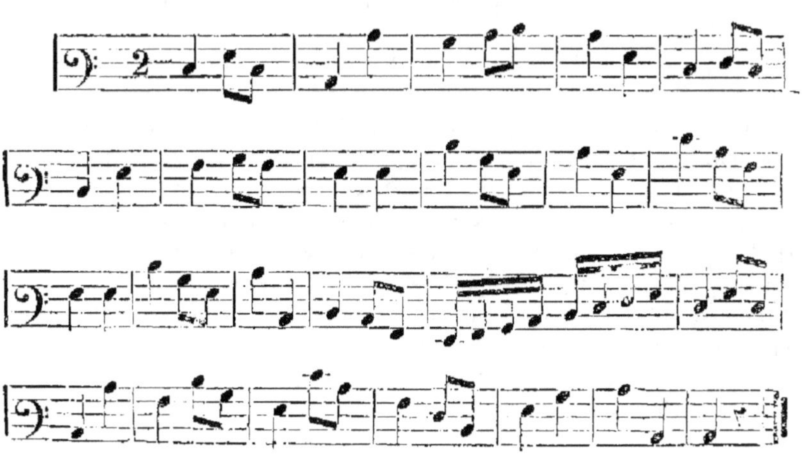

12ᵐᵉ LEÇON.

Chacune des sept clefs a une tonique normale, ou chacune des sept toniques normales fait trouver une des sept
clefs.

Il est très-intéressant de faire trouver à chacun des enfans sur le barreau
que sera placée la tonique avec une clef quelconque, ou inversement; et
après leur avoir fait trouver que la tonique placée aux premier, deuxième,
troisième et quatrième barreaux noirs donne toujours la clef de *do* parce
que cette clef se place sur ces quatre barreaux; que la tonique placée au
premier barreau blanc donnera la clef de *fa* au troisième; la tonique placée au deuxième barreau blanc donnera la clef de *fa* au quatrième, et que
la tonique placée au troisième blanc donnera la clef de *sol*; on leur fera
remarquer qu'il est impossible de trouver d'autres toniques normales que
ces sept, et par la même raison impossible aussi d'avoir besoin d'autres
clefs que celles qu'on connaît.

Il est bon, après, de leur faire toucher par eux-mêmes ce résultat en
leur disant de placer la *tonique sustonique, ou médiante,* etc., sur un
barreau plus élevé de la portée, ou sur un des barreaux supplémentaires,
et leur faire compter, en descendant toujours, jusqu'à trouver une des sept
toniques, une des sept clefs; ils sont surpris agréablement par ce résultat
qu'ils s'attribuent; cela leur donne l'habitude de trouver les notes et surtout leur donne l'assurance mathématique de ces principes élémentaires.
On en fait autant sur des barreaux supplémentaires par-dessous la portée;
alors on compte en montant. C'est ainsi, par tous ces moyens, et avec le
temps, que les enfans ne s'embarrassent guère des clefs; ils vont de suite
chercher la tonique normale et c'est d'après elle et en partant d'elle qu'ils
chantent, qu'ils lisent la musique avec la plus grande facilité.

Il faut leur observer que si jusqu'ici ils ont chanté chaque jour, à chaque
leçon, avec une tonique nouvelle, dorénavant ce sera toujours à une différente clef, mais que cela revient au même, puisque c'est par les clefs qu'on
trouve les toniques et inversement.

Premier exemple.

Deuxième exemple.

43me LEÇON.

On appelle *ton*, la distance qu'il y a, par exemple, de la tonique à la sustonique; et *demi-ton*, celle qu'il y a, par exemple, de la sensible à la tonique.

Chacune des sept notes de la gamme peut être haussée ou baissée d'un *demi-ton*.

Pour faire bien comprendre aux enfans ce qu'on entend par un *ton*, ou un *demi-ton*, il faut les faire revenir à la gamme, qu'on aura tracée d'avance, et qu'il faut leur représenter; on verra que d'eux-mêmes ils diront qu'il n'y a que cinq tons et deux demi-tons dans l'échelle ou gamme. C'est alors au maître à aider ces jeunes intelligences, leur faisant voir que les deux demi-tons de la gamme sont toujours de la médiante à la sous-dominante, et de la sensible à la tonique, ou du troisième ou quatrième degré, et du septième au premier de quelque gamme que ce soit, normale, grave ou aiguë, et que les autres cinq sont des tons.

Il faut leur dire que cette échelle ou gamme s'appelle de *do*, parce que c'est le *do* qui en est la base, c'est le *do* qui est la tonique; et c'est encore par la même raison qu'on l'appelle aussi *ton* de *do*; et enfin, que la gamme ou *ton* de *do*, est le *ton modèle* de tout autre ton; c'est-à-dire, que tous les autres tons qu'on puisse faire seront tous modelés sur celui-ci, tous auront la même formation, tous se composeront de cinq tons et de deux demi-tons.

Dans le premier exemple, l'unité est représentée par une blanche, indiquée par le *c* barré; il faut donc que les élèves battent à chaque blanche, ou sa valeur, l'unité avec la main gauche, comme si chaque blanche était une noire.

Premier exemple.

Deuxième exemple.

44ᵐᵉ LEÇON.

La figure qui fait hausser la note d'un demi-ton, s'appelle *dièse*.

La note diésée, en chiffres, est percée obliquement et par le milieu, d'une barre ascendante de gauche à droite.

En musique, le dièse se pose avant la note et sur le même barreau.

Quatre barres, deux verticales et deux obliques, de bas en haut et de gauche à droite, forment le dièse

Toute note diésée devient une nouvelle sensible et la nouvelle sensible donne une tonique nouvelle.

Nous mettons ces deux exemples, un en chiffres et un autre en musique, afin que les maîtres fassent connaître aux enfans les deux manières conventionnelles d'écrire le dièse. Ils leur diront aussi que ce même dièse peut être placé sur toute autre note de la gamme, sur tout autre barreau de la portée.

Pour la pratique, il faut leur dire que de ce *sol* dièse de l'exemple en chiffres au *la*, il n'y a donc qu'un demi-ton, comme du *si* au *do*, ou comme du *mi* au *fa*; et si, après leur avoir fait chanter plusieurs fois cet exemple en chiffres, ils n'attrapaient pas d'eux-mêmes ce sol dièse, ce qui n'est pas probable, alors on les aide.

On leur fait observer que cet air finit au *la*, parce que le *sol*, étant diésé, devient une nouvelle sensible et par conséquent le *la* est une nouvelle tonique. De même que dans le deuxième exemple on est au ton de *sol* depuis la cinquième mesure jusqu'à la douzième, parce que partout, dans ces huit mesures, le *fa* est diésé, et ce *fa* diésé est la sensible de *sol*; tandis qu'avant et après ces huit mesures on est au ton de *do*, parce qu'aucune des notes de la gamme modèle n'est altérée, c'est-à-dire qu'aucune n'est diésée.

Premier exemple.

5 67, 12, 5 67, 10, 7 17, 65, 61,

7 5, 7 17, 65, 6 7, 6 56, 7 17, 65,

61, 75, 7 17, 65, 61, 5··, 4 52, 51,

27, 16, 2 17, 16, 75, 6··, 75, 66,

7 65·6··, 75, 66, 7 65, 6··, 6··, 60 ‖

Deuxième exemple.

45ᵐᵉ LEÇON.

Le dièse est cause et effet de changement de ton.

Le premier dièse se pose sur la sous-dominante, parce qu'elle est la plus dure des sept notes de la gamme.

A chaque nouveau ton la quatrième note sera la sous-dominante, comme la dernière diésée est la sensible.

Il ne faut pas parler aux enfans de la première règle, parce qu'elle est au-dessus de leur intelligence; mais nous la donnons ici pour qu'elle nous serve de base pour des développemens futurs.

Pour comprendre et pouvoir bien expliquer la seconde règle, il faut avoir recours à l'échelle, examinant la gradation des couleurs, à commencer par la couleur noire, ou absence de couleur, et suivre les nuances des sept couleurs jusqu'à trouver la couleur blanche, l'opposé de la noire. Cela les disposera pour apprendre, plus tard, la *Grammaire philharmonique*. Ensuite, on fait le résumé des quatre leçons précédentes, et surtout la dernière, l'usage du dièse.

46ᵐᵉ LEÇON.

Le premier dièse *diatonique* se pose au *fa* et donne le ton de *sol*.

On appelle *diatoniques* les dièses qui sont posés par ordre à côté de la clé; ceux qui surviennent après sont *accidentels*.

Les dièses diatoniques dièsent leurs notes pendant tout le morceau, tandis que les accidentels ne les dièsent que dans la mesure où ils sont placés.

On dit toujours *do*, pour chanter, à la tonique des gammes ou des tons qui sont modelés sur celui de *do*.

Dans cette leçon, il faut faire remarquer aux enfans: 1°. que toutes les clés peuvent marquer tous les tons successivement; ainsi la clé de *sol*, qui à la leçon antérieure marquait le ton de *do*, dans celle-ci marque le ton de sol, parce qu'elle porte le dièse diatonique au *fa*, la tonalité sera portée au *sol*, qui sera la base de cet exemple, comme le *do* étant la base de l'exemple de la dernière leçon; 2°, qu'on appelle diatoniques les dièses qui sont posés à côté de la clé, parce que ces dièses font que le nouveau ton soit tout-à-fait égal à celui de *do*. Et, par cette raison, en posant le dièse au *fa* à côté de la clé, on sait que pendant tout le morceau ce *fa* est diésé; tandis que si, dans le morceau, il y a quelque chose accidentel, ce dièse n'exercera ses fonctions que sur les notes de la même espèce qu'on puisse trouver dans la mesure où il est placé; à la mesure suivante, il faut le reproduire pour faire que la même note soit diésée, autrement elle ne l'est pas; 3°, qu'en disant *do* à la tonique de cet exemple, on évite l'inconvénient de faire le *fa* dièse, c'est-à-dire d'altérer ou de hausser partout l'intonation de ce *fa*; on ne fait que se servir des mêmes intonations, des mêmes sons pour ce ton que pour celui de *do*; seulement ici le point de départ sera de cinq tons plus haut que le point de départ du ton de *do*; c'est ainsi qu'on dira *do* au *sol*, *ré* au *la*, *mi* au *si*, *fa* au *do*, *sol* au *re*, *la* au *mi*, et *si* au *fa* dièse, sensible, cause et effet du changement de ton. Les enfans chanteront donc cet air comme s'il était écrit à la clé de *do* au deuxième barreau, puisque la tonique est sur ce barreau; mais cela ne détruira pas que ce point de départ soit un *sol*, que le *la* soit un *la*, et que le *si* soit un *si*, etc.

Au dernier quart d'heure, on leur fera chanter en trio ces trois exercices avec les vingt-sixième et sixième leçons; on aura soin de faire prendre la tonique normale à la quatrième division. Cette tonique ne doit pas être précisément le *sol* du diapason, mais plutôt le *do*, le *si* ou le *la* grave du diapason, ou le son de la note que l'instituteur jugera à propos pour que les trois divisions puissent bien chanter sans effort et sans sortir des bornes imposées par la nature à l'étendue de la voix des enfans.

Exemple.

Premier exercice avec les 20e et 6e leçons.

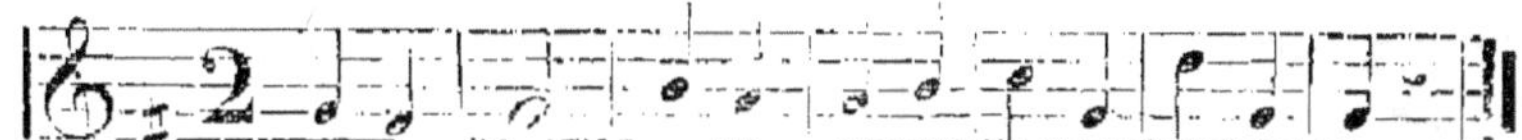

Deuxième exercice avec les 26e et 6e leçons.

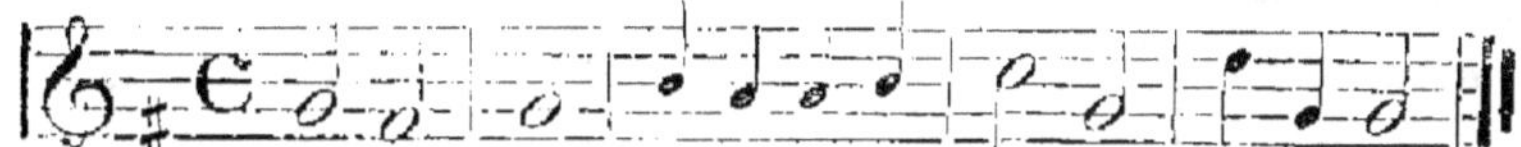

Troisième exercice.

47ᵐᵉ LEÇON.

Le second dièse diatonique se pose sur le *do*.

Il ne peut être placé de dièse diatonique sur le *do* sans
en avoir préalablement placé un sur le *fa*.

Qu'on fasse observer aux enfans que le dernier dièse est toujours la
sensible ; et que de même qu'à la leçon antérieure c'était le *fa*, parce qu'il
était la seule note diésée, ici c'est le *do* qui est la sensible ; dans la leçon
antérieure on disait *si* au *fa* dièse, et dans celle-ci on y dira *mi*, parce que
le *fa* dièse est la médiante, la troisième note de la gamme ; et on dira *si* au
do dièse, parce qu'il est la dernière note diésée, la sensible ; et de même
pour quelque nombre de dièses diatoniques qu'il y ait à la clef ; toujours
le dernier est la sensible, ou septième note de la gamme ; toujours on y
dira *si*, pour chanter s'entend, n'importe le ton.

On leur fera observer que la tonique normale de cette leçon étant aussi
haute pour leur voix, il faut qu'ils la prennent, ou qu'ils supposent la
prendre comme si elle était aiguë ; autrement ils ne pourraient chanter les
sons graves de cet air, et bien moins la sensible sous-grave qu'il y a avant
la quatrième reprise du deuxième exemple. C'est comme s'ils chantaient
avec la clef de *do* au quatrième barreau.

Il faut que MM. les instituteurs donnent, comme à la leçon précédente,
la tonique un peu basse pour faire chanter les trois divisions au dernier
quart d'heure ; de telle manière que la quatrième division puisse faire la
sensible sous-grave.

Premier exercice avec les 27e et 7e leçons.

Deuxième exercice avec les 27e et 7e leçons.

48ᵐᵉ LEÇON.

Le troisième dièse se pose sur le *sol*.

Il ne peut être placé de dièse diatonique sur le *sol* sans en avoir placé avant sur le *do* et sur le *fa*.

Il est clair et suffisamment démontré que le dernier dièse est la sensible; par conséquent ici le *la* sera la tonique, puisque le sol est la dernière note diésée; la tonique normale sera donc au deuxième barreau blanc; alors disant *do* à la tonique, ce sera comme si l'on chantait avec la clef de *fa* au quatrième, ce qui revient au même.

Les enfans verront aussi qu'aux dièses diatoniques peuvent se joindre des dièses accidentels. Il est bon d'essayer si les enfans savent en quel ton ils sont quand ils font le *ré* dièse, là où ils disent *fa* parce que le *ré* est la sous-dominante du ton de *la*.

Que MM. les instituteurs prennent le ton de *do* au diapason pour faire chanter l'exercice à trois parties, sixième, cinquième et quatrième divisions; et qu'ils ne s'embarrassent pas de ce qu'une partie soit au ton de *do* en chiffres, l'autre au même ton en musique, mais sans clefs ni bâtons de mesure, et la troisième au ton de *la* à la mesure binaire augmentée; tout leur soin doit être de faire que les enfans prennent bien la quatrième division la médiante ou le *mi* normal, la cinquième division la dominante, ou le *sol*, et la sixième division la tonique, ou le *do* normal; et après qu'il aura battu, lui, le maître, quatre unités pour leur en indiquer la valeur, qu'ils partent et qu'ils battent régulièrement chaque unité. Voilà l'intéressant, voilà la manière de leur inspirer le goût de la lecture de la musique, de fixer leur attention; et le meilleur moyen, ce nous semble, pour que les enfans dès leur plus bas âge soient, le moins possible, des machines, ne chantent pas par cœur, par routine, ou comme des perroquets, tandis qu'ils peuvent chanter comme résultat de leurs travaux; tandis qu'ils peuvent lire la musique comme ils lisent leur alphabet ordinaire, leur catéchisme, ou tout autre livre qui soit à la portée de leur âge, de leur faible intelligence.

Exemple.

Premier exercice avec les 28e et 8e leçons.

Deuxième exercice avec les 28e et 8e leçons.

49ᵐᵉ LEÇON.

Le quatrième dièse se pose sur le *ré*.

Le bécarre efface le dièse ; le bécarre baisse donc la note d'un demi ton, quand elle est diésée.

Que MM. les instituteurs fassent voir aux enfans le bécarre qui est aux 5ᵉ et 6ᵉ mesures de l'exemple ; ensuite qu'on leur dise que l'effet du bécarre est le même sur une note diatoniquement diésée que sur une diésée accidentellement ; ce qui fait voir d'une manière incontestable qu'on ne peut trouver le bécarre que sur une note qui a été altérée, diésée. Il faut ajouter que le bécarre accidentel, comme le dièse, n'exerce **ses fonc**tions, ne produit son effet, que sur les notes de la même espèce dans la seule mesure où il est placé. Le bécarre diatonique est celui qui est placé à côté de la clef pour effacer le dièse qu'il y avait.

Il est clair qu'entendre faire le bécarre de cette leçon par le maître, sera la meilleure des explications pour les enfans ; cependant, pour les aider, et afin qu'une autre fois les enfans puissent le faire d'eux-mêmes, il n'est pas inutile de leur dire que ces *si* bécarres, ou plutôt ces *ré* bécarres, doivent être baissés d'un demi-ton, il n'y aura donc de ce *ré* dièse au *ré* bécarre, ou de ce *la* au *si*, baissé, qu'un demi ton, comme de *mi* au *fa*, ou de *si* à *do* de la gamme modèle ; mais nous le répétons, la meilleure théorie, pour eux, est celle de l'exemple donné par le maître.

On doit prendre la tonique *la* du diapason, pour faire chanter aux enfans l'exercice en trio ; et surtout on doit leur faire observer les trois manières dont le point d'orgue peut être présenté et les leur faire exécuter avec soin

Exemple.

Exercice avec les 29ᵉ et 9ᵉ leçons.

6

36ème LEÇON.

La mesure de *six-huit*, ou le $\frac{6}{8}$ de la ronde, est binaire.
Chaque unité est représentée forcément par trois croches
ou par la valeur équivalente.

Il faut leur dire d'abord que cette mesure est indiquée par le 6-8 placé à
côté de la clef au commencement du morceau ; ensuite leur dire que chaque mesure contiendra six croches , ou la valeur équivalente ; et de même
en chiffres, points ou zéros, ce qu'ils peuvent voir dans cet exemple en chiffres ; après il faut leur faire comparer celui-ci avec l'exemple de la trente-
cinquième leçon , afin qu'ils ne confondent pas l'une avec l'autre. Dans
celle-ci, la mesure est indiquée par 6-8 , parce que toutes les unités sans
exception sont décomposées en trois tiers ; tandis que dans la trente-cinquième il y a des deux manières de décomposition , en deux croches et en
trois croches.

Il faut faire remarquer 1° les cinq *fa* dièses de la septième mesure, lesquels seraient tous dièsés, en musique, avec un seul dièse placé avant le
premier *fa* ; 2° qu'un chiffre avec deux points à côté, surmontés tous trois
d'une barre, serait représenté, en musique, par une noire pointée, et
cette noire pointée, dans cette mesure, composera l'unité ; 3° un chiffre
avec deux points composant l'unité, et ces deux points, suivis d'autres
points appartenant à l'unité suivante, formeraient syncope, tandis qu'en
musique il faut reproduire la note et la syncope ; 4° enfin, le dernier zéro
avec deux points est traduit, en musique, par un soupir et un demi-soupir,
ou par un soupir et un point.

Il faut faire le résumé des quatre leçons de manière à les bien affermir
sur la connaissance des dièses, dans quel ordre ils se posent, quels sons
ils donnent, l'effet que chaque dièse produit sur la note où il se trouve placé,
et enfin , sur le bécarre.

— 99 —

3 3 3 3 3 3, 3 . . 5 . . , 2 2 2 2 4 3, 1 . 3 5 . 0,

3 3 3 5 5 3, 6 . . 5 . . . , 4 4 4 4 3 4 . 5 4

3 2 3 4 5 6 5 5 5, 2 1 2 3 4 5 4 4 4, 1 2 3 5 4 2,

1 . . . . 2, 3 3 3 5 5 3, 5 . . 5 . . , 2 2 2 2 4 3,

1 . 3 5 1 2, 5 3 3 3 5 3, 6 . . . 5 4, 5 . . . 4 3,

4 3 4 2 6 5 . 1 . . 0 . . ‖

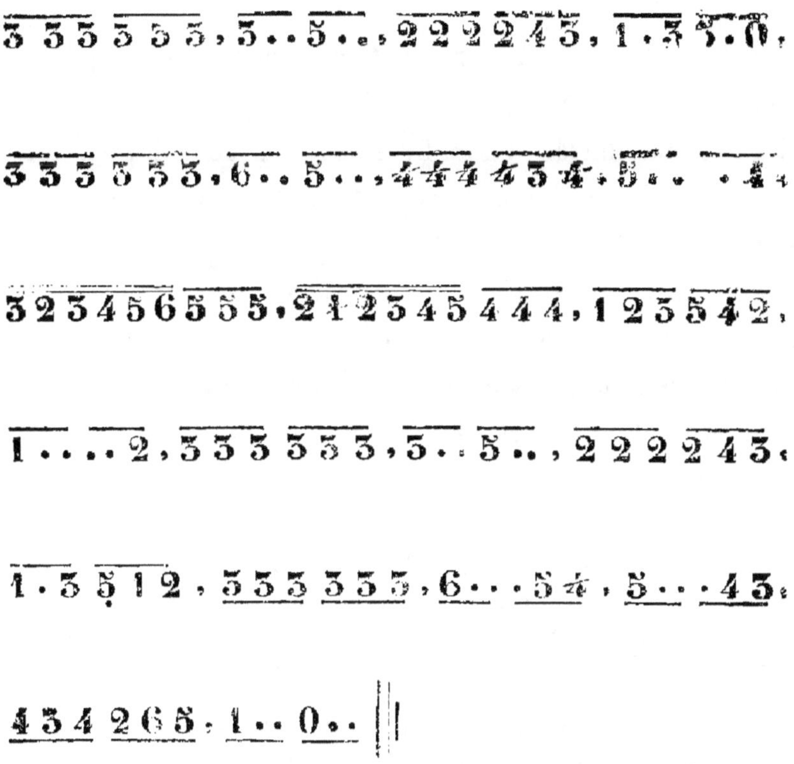

51ᵐᵉ LEÇON.

La figure qui fait baisser la note d'un demi-ton s'appelle *bémol*.

La note bémolisée, en chiffres, est percée obliquement et par le milieu d'une barre descendante de gauche à droite.

Le bémol, en musique, qui est fait comme un mauvais b, se pose avant la note et sur le même barreau qu'elle.

Toute note bémolisée devient une nouvelle sous-dominante ou quatrième note d'un nouveau ton.

Qu'on fasse observer aux enfans que ce *si* bémolisé de l'exemple est absolument comme la sensible bécarisée de la leçon antérieure, et que les bémols n'excluent pas l'usage des dièses comme on le voit dans l'exemple; on peut trouver l'un et l'autre sur un même air, mais jamais sur une même note.

Comme on a déjà parlé de la mesure ternaire, composée de trois unités, il est nécessaire de leur dire que cette mesure, comme la binaire, peut être augmentée et diminuée; que rarement on l'augmente, mais qu'assez souvent on la diminue; que la mesure ternaire est indiquée par un 3, ou par un 3-4; quand elle est augmentée on l'indique par un 6-4, ou par un 3; et enfin, quand elle est diminuée, on l'indique par un 3-8, ou par un 3. Ajoutons qu'à la mesure ternaire l'unité est représentée par la noire; à la ternaire augmentée, par une blanche, et à la ternaire diminuée, par une croche.

EXEMPLE.

5 54, 22, 3 46, 50, 6 56, 55, 4·, 50, 7 1 75,
1 2 1 5, 6 7, 6 0, 45 42, 34 31, 2 34, 55,
5 54, 2 2, 3 46, 5 0, 1 71, 64, 25 45, 10

Premier exercice avec les 31e et 11e leçons.

Deuxième exercice avec les 31e et 11e leçons.

52me LEÇON.

Le bémol, comme le dièse, est cause et effet de changement de ton.

Le bémol diatonique se pose au *si*, ou à la sensible, parce qu'elle est la note la plus douce des sept dont se compose la gamme.

C'est ici à faire remarquer aux enfans que le *si*, qui était la sensible, devenant la sous-dominante, ou quatrième note d'une nouvelle gamme, d'un nouveau ton, la base, ou la tonique de ce nouveau ton sera forcément le *fa*; et comme le *fa* normal à la clef de *sol* est au premier barreau blanc quand ce *fa* est tonique, et que d'un autre côté on dit toujours *do* à la tonique, la conséquence est qu'on dira *do* à la première note de l'exemple comme si l'on chantait avec la clef de *fa* au troisième barreau; et ceci nous fera dire *fa* au barreau du *si* bémol, ce qui se trouve très-bien, puisqu'il est devenu la sous-dominante, la note la plus dure de la gamme.

Pour bien faire comprendre et pour bien faire sentir aux enfans la mesure de 6-8, il est très utile de leur faire battre le chronomériste avant de leur faire exécuter l'exercice de solmisation. L'unité dans cette mesure étant forcément divisée en trois tiers, il faut leur donner l'habitude de battre les trois tiers de l'unité, quoique cette unité ne soit pas divisée précisément en trois croches, comme aux trois premières notes de l'exemple, et ainsi de suite à toutes les unités de l'air; ce sera les habituer à diviser la noire, ici, en deux tiers d'unité, comme la cinquième mesure et suivantes du même exemple; et une fois compris, senti par eux, ce rhythme, ils l'aimeront davantage, ils en seront joyeux quand on les fera chanter à la mesure de six-huit.

Exemple.

Exercice avec les 32ᵉ et 12ᵉ leçons.

53ᵐᵉ LEÇON.

Le second bémol diatonique se pose sur le *mi*.

On ne peut placer le bémol sur le mi sans l'avoir placé avant sur le *si*.

Les deux bémols sur le *si* et sur le *mi* forment le ton de *si* bémol, parce que le dernier est toujours la sous-dominante, et l'avant-dernier la tonique.

Qu'on fasse remarquer aux enfans, sur leur propre alphabet, que le dernier bémol est placé sur le *mi* et le premier, ou l'avant-dernier le *si*, et par conséquent que la tonique, ou base de ce ton, en cette clef, sera au troisième barreau noir; et partant de là, on chantera l'exemple et tout autre morceau écrit semblablement comme s'il était à la clef de *do* au troisième barreau.

MM. les instituteurs doivent faire prendre la tonique normale à la sixième division, pour chanter l'exercice en trio, la médiante à la quatrième, et la cinquième doit prendre sa tonique comme si elle était aiguë.

Exemple.

Exercice avec les 33e et 15e leçons.

5me LEÇON.

Le troisième bémol diatonique se pose sur le *la*, et constitue le ton de *mi* bémol.

Le bécarre efface le bémol, quand il est posé devant une note bémolisée, et par conséquent la fait hausser d'un demi-ton ; il produit alors l'effet du dièse sur une note non altérée.

La tonique normale ou base de cet exemple se trouve placée sur le premier barreau noir ; il faut donc chanter comme si c'était écrit à la clef de *do* sur le premier barreau noir sans aucun bémol ; et il faut hausser d'un demi ton ce *si* bécarre, comme si c'était un *sol* dièse.

Il sera très bien que MM. les instituteurs l'expliquent aux enfans, mais il sera encore mieux qu'ils le fassent pratiquer avec soin, jusqu'à ce que les élèves n'hésitent plus pour l'exécuter quand l'occasion se présentera de nouveau.

On verra que les trois huitièmes de la ronde est la mesure ternaire diminuée, c'est-à-dire que l'unité est représentée par une croche ; on battra par conséquent l'unité à chaque croche ou à sa valeur, comme si chaque croche était une noire ; alors les doubles croches seront battues comme si elles étaient des croches, etc.

On fera prendre la tonique normale sur le *ré* ou sur le *do* du diapason, afin que les trois parties de l'exercice soient chantées sans efforts capables de gâter la voix aux enfans ; et, à cet effet, on leur recommandera souvent de ne pas crier en chantant ; au contraire, il faut qu'ils retiennent plutôt la voix, qu'ils la modèrent.

Exemple.

Exercice avec les 34e et 14e leçons.

55ᵐᵉ LEÇON.

Le quatrième bémol diatonique se pose sur le *ré* et donne
le ton de *la* bémol; le cinquième bémol sur le *sol*; le
sixième au *do*, et le septième au *fa*.

C'est ici que MM. les instituteurs pourront faire remarquer aux enfans
que les bémols étant l'opposé des dièses, ils se posent aussi en sens contraire; c'est-à-dire que si les dièses se posent dans cet ordre: *fa, do, sol,
ré, la, mi* et *si*, les bémols se posent sur ces mêmes notes, mais tout-à-
fait à l'inverse : *si, mi, la, ré, sol, do* et *fa*.

Ensuite on interroge les enfans sur les autres quatre leçons de la semaine, et on leur fait chanter et apprendre cet exercice qu'on leur fera
dire avec les trente-cinquième et quinzième leçons.

56ᵐᵉ LEÇON.

Un P veut dire qu'il faut chanter doucement, et deux PP
très-doucement; un F veut dire qu'il faut chanter fort, et
deux FF très-fort.

On appelle croissans et décroissans, les signes par lesquels la voix ou un instrument augmentent ou diminuent
le volume et la force du son sans le hausser ni le baisser

Que MM. les instituteurs fassent faire aux enfans les exercices de solmisation et de chronomériste, et ensuite qu'ils leur fassent lire cette troisième
partie de la prière, leur fesant observer avant les P, PP, F, FF, et les croissans et décroissans qui y sont, afin qu'ils sachent que ces signes sont là
pour que les élèves les fassent en chantant; et dans le cas où ils en auraient
besoin il faut leur en donner l'exemple en les faisant eux-mêmes.

On leur dit aussi, qu'on fait usage, en musique, de bien d'autres signes
d'agrément, mais que ceux-ci étant les principaux ils doivent s'en conten-
ter; plus tard ils verront les autres.

On leur dit aussi que ces doubles notes le sont, afin que ceux d'entre
eux qui pourraient chanter les plus basses sans effort doivent le faire,
en même temps que leurs camarades font celles qui sont au-dessus, à une

Exercice avec les 55e et 15e leçons

Prière avec les 56e et 16e leçons.

57ᵐᵉ LEÇON.

La mesure binaire se bat en deux temps ou deux unités; et en quatre temps ou quatre unités quand elle est augmentée.

Que MM. les instituteurs battent eux-mêmes la mesure, soit binaire (à deux temps), soit binaire augmentée (à quatre temps) avant de la faire battre aux enfans; premièrement un à un, et après à tous ensemble; celle de deux unités de temps, et après celle de quatre unités de temps.

D'abord on bat la mesure binaire en frappant avec la plus grande égalité possible et avec la main droite le premier temps sur soi, et le second portant la main en l'air se préparant pour recommencer et toujours de même.

La mesure à quatre temps, on la bat comme il suit : on frappe sur soi avec la main droite, comme pour la mesure binaire ; on passe la main et le bras du côté gauche pour le second temps; on le porte à droite pour le troisième, et on le lève, se préparant pour recommencer, pour le quatrième ; mais les quatre temps doivent être faits avec la plus grande régularité et la plus grande uniformité possible. Dans cette leçon, on ne leur fait faire aucun autre exercice que ces deux; cela les amusera, et ils les apprendront facilement, car ceci n'est qu'une habitude qu'ils contracteront de suite en leur faisant compter haut les temps, ou les quatre temps. Ceci comprend les mesures augmentées et celles diminuées.

Après on leur dit que chaque temps vaut une unité, c'est-à-dire qu'ils doivent faire autant de notes qu'il y a dans une unité, dans le temps qu'ils emploient pour passer la main depuis le battement jusqu'au moment qu'ils la lèvent pour refrapper. C'est à présent à leur dire que le temps fort est celui sur lequel on frappe, c'est-à-dire à la première note de chaque mesure.

58ᵐᵉ LEÇON.

La mesure ternaire se bat en trois temps.

Que MM. les maîtres battent la mesure ternaire pendant quelque temps avant d'en faire l'explication aux enfans; et ensuite qu'ils leur disent que l'on bat le premier temps avec la main droite; qu'au second temps on la porte à droite presque horizontalement, et au troisième on la lève pour se préparer de nouveau.

Faire apprendre aux enfans à battre la mesure est bien facile; c'est un exercice qu'ils apprennent avec plaisir, parce qu'on les fait compter haut, comme pour les exercices du chronomériste; seulement pour ces derniers, ils sont plus gênés parce que leur attention est plus occupée, puisqu'il n'y a pas d'uniformité; mais tous ces exercices ils les apprennent bien, et le plus nécessaire est celui du chronomériste.

On fait chanter les deux exercices avec les trente-huitième et dix-huitième leçons.

Premier exercice avec les 38e et 18e leçons.

Deuxième exercice avec les 38e et 18e leçons.

59me LEÇON.

Un air peut commencer par quelque unité de la mesure ou par quelque fraction que ce soit de l'unité ; de même qu'il peut commencer par quelque note que ce soit de la gamme ; mais tout air, ou mélodie, finit à la tonique.

Les faits avancés dans les deux préceptes de cette leçon nous les avons présentés déjà dans différentes leçons qui précèdent ; car tous nos lecteurs ont dû remarquer d'abord qu'on a toujours fini à la tonique, quoiqu'on ait commencé, dans certaines leçons, par toute autre note que la gamme ; ensuite, il y a plusieurs leçons qui ne commencent pas par la première unité de la mesure, entre autres la prière ; et si nous n'avons pas présenté des leçons commençant par des fractions d'unité, c'est pour ne pas trop surcharger cette étude, qui n'est que pour des petits êtres que nous craignons de fatiguer ; cependant il y en aura dans les leçons de pratique ou de solfège, lesquelles leçons correspondent aux troisième, deuxième et première divisions. Là, au supplément, ou deuxième partie, on y trouvera la deuxième prière et la marche, ainsi que tout ce qui est annoncé dans l'avant-propos

Comme on sait déjà battre la mesure, il faut dire aux enfans que lorsqu'au commencement des morceaux il n'y a qu'une unité de chant ou de silence, on commence par lever la main droite, se préparant à frapper, et que cette action marque le dernier temps ou unité de la mesure, n'importe laquelle ; et si l'air commence par la deuxième unité de la mesure, ternaire ou binaire augmentée, on en fait autant quant à la manière de battre ; c'est-à-dire qu'on commence à battre par le deuxième, troisième ou quatrième temps de la mesure.

Jusqu'ici nous n'avions pas eu besoin de ces explications, parce qu'on battait à chaque unité.

Premier exemple.

Deuxième exemple.

60me LEÇON.

Le temps que doit durer l'unité de la mesure, ou à peu près, est indiqué par un des mots italiens *largo, lento, andante,* qui signifient lentement, mais à différens degrés; *larghetto, allegretto, andantino* indiquent des mouvemens qui ne sont ni lents ni vifs, aussi à différens degrés; *allegro* veut dire vif; *presto,* vite, et *prestissimo,* très-vite.

L'usage du **métronome** est le seul moyen exact pour donner à l'unité de temps la valeur juste que les compositeurs de musique veulent imprimer à leurs productions.

Nous croyons nécessaire que les enfans apprennent, sachent de bonne heure la signification de ces mots italiens, et qu'il y a un métronome régulateur ou mesureur exact et fidèle de quelque valeur de temps qu'un auteur puisse vouloir donner ou imprimer à l'unité; de même que nous croyons complètement inutile de leur faire connaître le très grand nombre d'autres mots qui sont tous la preuve irréfragable de l'insuffisance de ces mots, puisque chaque individu peut interpréter leur valeur d'après sa volonté; et il y a des compositeurs qui prétendent par la surabondance de ces mots couvrir la nudité, nous allions dire la nullité de leurs conceptions, et donner de l'expression à des corps morts.

Il est inutile de dire ici qu'on doit faire le résumé des quatre dernières leçons, et les faire chanter jusqu'à ce que les trois divisions les sachent bien; car nous croyons que MM. les instituteurs ont pris déjà l'habitude de faire le résumé à chaque cinquième leçon.

Dès les premières leçons de solfége, toujours en trio de la deuxième partie de cet *Alphabet musical,* et qui composent les troisième, les deuxième et première divisions de la classe de musique, tous les morceaux ont l'indication du mouvement par les mots italiens ci-dessus rapportés ou par le métronome, avec une explication de la manière d'en faire usage quand on en a un, et de la manière de le remplacer quand on n'a pas les moyens de se le procurer. De plus, il y a un certain nombre d'airs avec des paroles et une courte explication de la manière de les appliquer à la musique. Tous ces airs, comme on le pense bien, sont moraux, dignes du but que nous nous proposons dans notre enseignement, la bonne, vraie, facile et amusante instruction de l'enfance et de la jeunesse. Il y a aussi une messe à la portée de la voix, et de la force des connaissances des enfants, afin qu'elle puisse être exécutée par eux dans la plus vaste cathédrale et dans la plus petite paroisse de la campagne; et, de plus, il y a aussi les quatre antiennes de l'année de la sainte Vierge; tout à trois, ou à six parties, en chœur.

S. DANIEL.

CLICHY. — Impr. Maurice Loignon, et Cie, rue du Bac-d'Asnières, 12.